「真の実力」が秒速でわかる！

ポイントだけ！

数字で読みとく会社の未来

税理士
池田陽介
Yosuke Ikeda

ビジネス社

●はじめに

「会社の数字」が〝秒速〟で教えてくれるZOZO、RIZAPの実態！

日産自動車のカルロス・ゴーン前会長の役員報酬問題や東芝の不正会計など、ある種の出来事が明らかになると「有価証券報告書」に注目が集まります。**有価証券報告書は金融商品取引法によって開示ルールが定められており、違反が明らかになれば処罰の対象になる**からです。

東芝の場合は納付命令を受け、課徴金73億7350万円をすでに国庫に納付しています。売上高や当期純利益を過大に計上するなど、虚偽記載の有価証券報告書を提出。それでいて社債を発行するなど、投資家に誤った判断材料を提供したことが悪質、とされたわけです。

有価証券報告書は本来、投資のための判断材料を公平に提供することを目的に、上場企業などが開示するものです。株式投資には欠かすことができない資料です。それだけではありません。企業や業界の情報が詳しく記載されている有価証券報告書は、就職を控えた学生にとっても活用したいものなのです。

「会計や企業動向を知るための教科書です。それも無料。時間があれば読みなさい！」

私は事務所の職員にこうした指示を出すことがあります。私自身、気になることが出てくると有価証券報告書を閲覧します。

たとえば、衣料通販サイトの「ＺＯＺＯＴＯＷＮ」を運営しているＺＯＺＯの時価総額（株価×発行済株式数）が、百貨店トップの三越伊勢丹ホールディングス（ＨＤ）を上回ったというニュースを聞いて、同社（旧社名「スタートトゥデイ」）の有価証券報告書を見てみました。

「他社との大きなちがいは、受託販売形態であるため当社が在庫リスクを負担しないことです」という説明書きで、同社が高い利益率を実現している背景をすぐに読み取ることができました。

サイトへ出店しているブランドの商品を自社物流拠点に受託在庫として預かり、販売ごとに手数料収入を得るというのがＺＯＺＯのビジネスモデル。百貨店の商慣習

「消化仕入方式」に似ています。

百貨店は入居しているテナントで商品が売れた時点で、テナントからの商品仕入と売上を同時に計上。実際に商品が売れるまでの在庫負担はテナント側が負います。

百貨店側が有利な立場にあることで成立するビジネスモデル。ZOZOの場合は、早い時期からファッションに特化したサイトを立ち上げ、ZOZOTOWNそのものをブランドにしたことが勝因です。有名ブランドに対して立場的に有利なポジションを確保してきた、といっていいでしょう。すべての通販サイトが、受託販売方式を採用できるわけではありません。

同時に、業績の拡大のためには自前の商品も展開したくなるのでは、という疑問も抱きました。そうしているうちに同社は、海外展開やプライベートブランド（ＰＢ）事業の拡大を成長戦略の中核として打ち出します。

販売を受託しているブランドと商品が重ならない配慮は見え隠れしましたが、**体型採寸ボディースーツ「ZOZOSUIT」の無料配布を含めて、成功したとはいえない**のが現実。販売戦略をめぐって、サイトからブランドが去る動きも明らかになっています。企業は新たなステージに向かう段階で、様々な困難に出会うものです。経営トップの私的な話題の提供が目立ちますが、同社の今後のビジネス動向にも注目しておきましょう。

ＲＩＺＡＰグループの有価証券報告書も見てみました。健康食品のネット販売でスタートした同社（旧社名「健康コーポレーション」）は、ネット通販企業としては特段に目立つ存在とはいえませんでした。パーソナルトレーニングジム「ＲＩＺＡＰ」を展開するようになって、広く知られるようになります。売上高の拡大と並行するように、相次いでＭ＆Ａ（企業の買収・合併）を推進します。

ただし、企業会計や税務を専門とする私には、有価証券報告書を読んで「なるほど、この手があったか」と、ピーンとくるところがありました。「貸借対照表（ＢＳ）」「損益計算書（ＰＬ）」「キャッシュフロー計算書（ＣＦ計算書）」という財務3表のうち、ＰＬに計上している「その他の収益」の急上昇に目が行ったのです。

最終的な利益を示す当期純利益の水準に比べて、本業で獲得するキャッシュが少ない点も気にかかりました。本業でのキャッシュの獲得は、キャッシュベースの決算書であるＣＦ計算書の「営業活動によるキャッシュフロー（営業ＣＦ）」に示されます。

詳しく読み進めると、「買収先の純資産が買収金額を上回ったために割安購入益が発生しており、PLの『その他の収益』に含めて表示しています」といった意味の説明がありました。

本文でも触れますが、買収先企業の純資産を上回る金額で買収するのが一般的です。その上乗せ部分を「(正の)のれん」といいます。同社の場合はその逆、**「負ののれん」がある意味で成長戦略だった**のです。

同社はこれまで買収してきた企業の取捨選択を進め、不採算事業などの切り離しを進めるようです。これからが正念場といえるでしょう。

決算関連の知識ゼロでも会社の成長可能性は必ずわかる!

少しばかり堅苦しい表現になることをお許しください。

有価証券報告書は、BS、PL、CF計算書という、財務3表を中心に構成されています。グループで決算を組む場合は、「連結BS」といったように、それぞれに「連結」をつけます。そのため専門的で難しいと思っている人が多いようですが、**読み方の要領さえつかめば簡単に理解できる**はずです。

財務3表は、各社がホームページで公表する「決算短信」で確認することも可能です。決算短信は上場企業が証券取引所に提出するもので、決算発表時に公開されます。公認会計士や監査法人の監査の対象外であり、速報といってもいいでしょう。**3月末が決算期であれば、5月10日前後までに発表されます。**

一方、有価証券報告書は、決算発表後に開催する定時株主総会に合わせて金融庁に提出します。12月末が決算であれば翌年の3月末、3月末が決算であれば6月末に発表。金融庁のホームページの「ＥＤＩＮＥＴ」で公開されます。

監査法人の監査を受けて発表されるものであり、経営不振が続いている企業に対しては「継続企業の前提に重要な疑義を生じさせるような状況が存在しています」といったように、ゴーイングコンサーン（継続企業の前提）に対して意見が表明されることもあります。決算短信をより詳しくしたものといえるでしょう。

有価証券報告書はひとつのサイトで閲覧できるのも大きな利点です。金融庁が開設しているホームページのＥＤＩＮＥＴを利用すれば、すべての有価証券報告書の閲覧が可能。個々の企業ごとのホームページにアクセスしなくてもいいのです。もちろん、閲覧は無料です。

有価証券報告書では、詳細な情報も開示されます。従業員の平均年間給与や社内取締役への年俸総額なども明らかになります。

カルロス・ゴーン氏への役員報酬は、実際より少なく記載されたのではないかと疑われていますが、日産自動車の有価証券報告書では７億３５００万円でした。三菱自動車は２億２７００万円、ルノーは７３７万６２３４ユーロ（１ユーロ１３０円換算で９億５８９１万円。いずれも17年度）でした。日産自動車はその後、２０１０年以降、少なく記載した金額は合計で92億３２００万円だった、と発表しています。

それらの情報からは、会社の経営成績や財政状態、キャッシュの流れなどさまざまな企業情報を読み取ることができます。過去からの流れも反映されていれば、設備投資や研究開発費などの数字からは将来への布石も見えてきます。**「○△年度」の有価証券報告書は当該会計年度の成績を表したものですが、本質的には「過去・現在・未来」をつなぐもの**なのです。

経営成績（これまで）、財政状態（今）、成長可能性（これから）——有価証券報告書は情報の宝庫であり、「会社の体力」「利益のしくみ」「企業体質」「経営姿勢」「倒産の危険シグナル」などの分析も可能になってきます。

有価証券報告書を読み進めることで、株式投資などに欠かせない自分なりの企業分析力や財務3表への理解力を身につけることができてくるはずです。

本書では、決算関連への知識がゼロでも、これまでの経営成績や現況、そして今後の成長可能性を読める方法も伝授します。

利益剰余金、いわゆる「内部留保」はあればあるだけいいの？
自己資本率は高ければ高いほどいいの？
CF計算書の投資活動によるキャッシュフローは黒字がいいの？
CF計算書の財務活動によるキャッシュフローは黒字がいいの？
投資の巧拙はどの数字を見ればいいの？
不動産会社以外の土地持ち企業は？
従業員・パート100人未満の百貨店と、2000人超の百貨店では何がちがう？
マイクロソフトやボーイングの株価対策は？

企業分析力や財務3表への理解力を高めるための近道は、有価証券報告書に親しむ癖をつけることなのです。

▼PART4 キャッシュの出入を見るだけで「優良企業」「成長企業」「崖っぷち企業」が読める！

▼PART5 会社の実力がすぐにわかる損益計算書のシンプルなコツ

「黒字」か「赤字」か――損益計算書で会社の実状が見える

「原価率」「販管費」から「のれん」まで、〝会社の数字〟を正しく使いこなす！

▼PART6　「儲け」を引き寄せる〝バランスシート脳〟のつくり方

貸借対照表のキホンは「資産＝負債＋純資産」だけでOK！

▼エピローグ　「会社の通信簿」をさらに見たい人のためのガイド

校正――新井　弘子
ＤＴＰ―新井田良基

▼プロローグ

数字で見るゴーン日産問題の本質

●在任19年半で一体何が成し遂げられたのか？

カルロス・ゴーン日産自動車前会長が、金融商品取引法違反容疑（有価証券報告書虚偽記載）で逮捕されたのは2018年11月19日。その後、会社法違反（特別背任）も問われるようになりました。

有罪なのか、それとも無罪なのか――裁判で確定するまでは時間がかかります。

承知のように、ゴーン氏はルノーの経営トップも兼任。そのルノーの筆頭株主はフランス政府ということもあり、ゴーン氏逮捕のニュースは国際的な話題になりました。保釈を認めない長期拘留という日本の司法制度に対する疑問の声も聞こえてきました。

有価証券報告書をベースに、フランスの自動車メーカーであるルノーと日産自動車の関係やゴーン氏の年俸問題などをあらためて確認しておきましょう。

有価証券報告書の「役員の状況」で、経営陣の略歴が確認できます。ゴーン氏はブラジル生まれで、主にフランスで学んでいますが、詳しい生誕地や学歴の記述はありません。

1954年生まれのゴーン氏が、ブラジルミシュランや北米ミシュランの社長を経てルノーに入社したのは1996年です。同年にはルノーの上席副社長に就任。日産

日産自動車の有価証券報告書　「役員の状況」から

カルロス・ゴーン代表取締役会長　1954年3月9日生まれ

1978年9月	ミシュラン入社
1985年7月	ブラジルミシュラン取締役社長
1989年4月	北米ミシュラン取締役社長
1996年10月	ルノー入社
1996年12月	ルノー上席副社長
1999年6月	当社取締役、最高執行責任者
2000年6月	当社取締役社長、最高執行責任者
2001年6月	当社取締役社長、最高経営責任者
2005年4月	ルノー取締役社長兼最高経営責任者 ルノー・日産会社取締役社長兼会長
2008年6月	当社取締役会長兼社長、最高経営責任者
2009年5月	ルノー取締役会長兼最高経営責任者
2016年12月	三菱自動車取締役会長
2017年4月	当社取締役会長
2017年5月	ルノー・日産会社取締役会長兼最高経営責任者
2017年6月	Nissan-Mitsubishi.B.V. 取締役会長兼最高経営責任考

自動車の最高執行責任者に就いたのは１９９９年６月です。

２０００年６月以降は、日産自動車の経営トップ（社長→会長兼社長→会長）として君臨。２００５年にはルノーの社長兼最高経営責任者（その後、会長兼最高経営責任者）に就任します。

世界の自動車業界で最も成功した提携関係と評価される〝ルノー・日産連合〟を率いてきたゴーン氏は、16年12月に三菱自動車の会長に就任。２社連合を３社連合へと発展させ、トヨタ自動車やドイツのＶＷと肩を並べるグループにしました。その功績は、素直に評価すべきでしょう。**３社合計の年間世界販売台数は１０００万台（18年は１０７５万６８７５台）の大台を突破**しています。

ただし、経営手腕の発揮と名声はそこまでだった、といえるようです。逮捕をきっかけに日産自動車と三菱自動車の会長を解任されます。ルノーには辞表を提出。逮捕から２０１９年１月にかけて、３社すべての経営トップから去ることになりました。日産自動車在籍20年までは、あと半年ほど足りませんでした。

●「V字回復」の裏にあった固定費の〝リストラ〟

ゴーン氏が就任前後の日産自動車の主な経営数値を、有価証券報告書で見ておきましょう。

当時の日産自動車は、高コスト体質と過大な借金（有利子負債）という経営課題を抱えていました。**ゴーン氏が最高執行責任者に就任する直前の1999年3月期は、赤字決算（当期純損失）**でした。98年3月期に続く連続赤字。**有利子負債は3兆6000億円を上回っていました。**

ゴーン氏が日産自動車の経営に関わるようになって最初に迎えた2000年3月決算はどうだったでしょうか。何と7000億円に迫る赤字でした。だが、**前期の25倍に迫る巨額の当期純損失の計上が、ゴーン氏への評価につながります。**

工場閉鎖など事業の構造改革にともなう費用が発生したこと。そして、会計処理の方法変更が大赤字の要因。従業員の年金に備える積立不足を表面化させたのです。見栄えをよくするためのそれまでの会計を改め、一挙にウミを出し切ったともいえるでしょう（2000年3月期の特別損失7496億円）。

2001年3月期決算は、まさしくV字回復。当期純利益3310億円は、日産自動車がそれまで持つ最高益の3倍近いレコードでした。

トヨタ自動車の4712億円（売上高は13兆4244億円）には及びませんでしたが、同社はどうして、どん底決算から一転、最高益を計上できたのでしょうか。

左表を見れば、販管費（販売及び一般管理費）の削減が大きな要因であることは明らかでしょう。

販管費の減少は多くの場合、固定費の減少を意味します。すなわち、**日産自動車の再建は、各種固定費の〝リストラ〟によるものだった**といっていいのです。「販売諸費」が666億円、「給料手当」は479億円、これだけで1000億円以上の減額。ゴーン氏が〝コストカッター〟といわれる所以です。

会計制度の変更により、「連結剰余金」という科目はなくなりました。現在でいえば、会社がスタートしてからの利益の蓄積を示す「利益剰余金」に通じるものです。いわゆる「内部留保」です。

日産自動車の2018年3月期の利益剰余金は4兆9087億円。単純に比較はできませんが、2000年3月期の連結剰余金△2373億円（赤字）からのスタートを思えば、ゴーン氏の経営手腕はこの数字にも示されているといえるでしょう。

ゴーン氏就任前後の日産自動車の連結決算

	99年3月期	00年3月期	01年3月期
売上高	6兆円5800億円	5兆9770億円	6兆896億円
営業利益	1097億円	825億円	2903億円
経常利益	244億円	△16億円	2823億円
当期純利益	△277億円	△6843億円	3310億円
売上原価	4兆9216億円	4兆5702億円	4兆6340億円
販管費	1兆5488億円	1兆3262億円	1兆1655億円
特別損失	554億円	7496億円	468億円
有利子負債	3兆6168億円	2兆9721億円	2兆8320億円
連結剰余金	6534億円	△2373億円	876億円
総資産	6兆9175億円	6兆5411億円	6兆4512億円
(連結従業員)	—	13万6397人	12万4467人
(単体従業員)	3万9467人	3万2707人	3万747人
売上計上台数	254.2万台	241.5万台	256.4万台

(「△」は赤字)

●資金面から見るルノーと日産の〝蜜月関係〟の実態

ルノーは日産自動車に対してゴーン氏を送り込むとともに、巨額の資金もつぎ込んでいます。有価証券報告書の「株式等の状況」で確認できます。

日産自動車は1999年5月29日、ルノーへの第三者割当増資を実施しています。「14億6425万株、1株400円」。総額5857億円の資金を受け入れたのです。

2002年3月1日には「5億3975万株、1株400円」で、2159億円の追加出資を受けています。ただし、ほぼ同額の2175億円でルノーの株式15%を取得しています。したがって、**日産自動車がルノーから受けた資金援助は、実質的には6000億円弱**といっていいでしょう。

ルノーの日産に対する出資比率は、当初は36・82%。その後は、43%台から44%台での推移です。したがって、ルノーは日産自動車を関連会社（持分法適用会社）としています。

一方、日産自動車のルノー株持株比率は15%（4435万8343株）です。フランス政府15・01%（4438万7915株）をわずかに下回っています。

基本的に、持株比率が20%に満たない場合は、関連会社に該当しません。フランス

ルノーが所有する日産の株式と配当金

	所有株数	1株配当金（円）	受取配当金（円）
2001年3月期	1,464,250,000	7	10,249,750,000
2002年3月期	2,004,000,000	8	16,032,000,000
2003年3月期	2,004,000,000	14	28,056,000,000
2004年3月期	2,004,000,000	19	38,076,000,000
2005年3月期	2,004,000,000	24	48,096,000,000
2006年3月期	2,004,000,000	29	58,116,000,000
2007年3月期	2,004,000,000	34	68,136,000,000
2008年3月期	2,004,000,000	40	80,160,000,000
2009年3月期	2,004,000,000	11	22,044,000,000
2010年3月期	2,004,000,000	0	0
2011年3月期	1,962,037,000	10	19,620,370,000
2012年3月期	1,962,037,000	20	39,240,740,000
2013年3月期	1,962,037,000	25	49,050,925,000
2014年3月期	1,962,037,000	30	58,861,110,000
2015年3月期	1,962,037,000	33	64,747,221,000
2016年3月期	1,950,753,000	42	81,931,626,000
2017年3月期	1,831,837,000	48	87,928,176,000
2018年3月期	1,831,837,000	53	97,087,361,000
合計			867,433,279,000

の商法で日産自動車の議決権の行使も制限されています。

ただし、ゴーン氏の略歴でも触れていますが、ルノーと日産自動車の経営上の重要事項に関する決定権限を有する「ルノー・日産会社」の議決権の50％を所有し、同社の役員の半数を派遣しています。つまり、「ルノーの財務及び経営、事業方針の決定に関する影響力を行使できる」ことから、日産自動車もルノーを関連会社としています。

企業は株式所有者に対して、配当金を支払います。日産自動車がルノーに対して支払った株式配当金を、所有株数と1株配当金から単純計算したものが27ページの表です。実際には、ルノーの日産自動車に対する配当金と相殺されている部分があるようですが、総額は8674億円という計算になります。

無配は10年3月期の1回のみ。**日産自動車はルノーの資金援助を上回るキャッシュを提供してきた**と判断していいようです。

配当金のようにキャッシュはともないませんが、日産自動車はルノーの利益に貢献してきました（左表）。貢献できなかったのはリーマンショック時の1回のみ。全体を通してはルノーの利益の6割以上は、日産自動車が支えてきたといっていいでしょう。

日産自動車のルノーへの利益貢献

ルノー	ルノーの当期純利（百万ユーロ）	日産からの利益の取込（百万ユーロ）	日産の貢献度（%）
2001年12月期	1,051	497	47.2
2002年12月期	1,956	1,335	68.2
2003年12月期	2,480	1,705	68.7
2004年12月期	2,836	1,689	59.5
2005年12月期	3,367	2,275	67.5
2006年12月期	2,886	1,888	65.4
2007年12月期	2,669	1,288	48.2
2008年12月期	571	345	60.4
2009年12月期	△3,125	△902	—
2010年12月期	3,420	1,084	31.6
2011年12月期	2,092	1,332	63.6
2012年12月期	1,772	1,234	69.6
2013年12月期	586	1,498	255.6
2014年12月期	1,890	1,559	82.4
2015年12月期	2,823	1,976	69.9
2016年12月期	3,419	1,741	50.9
2017年12月期	5,212	2,791	53.5
2018年12月期	3,302	1,540	46.6

●日本の経営者は一体いくらもらっているのか?

ソフトバンクグループの孫正義会長兼社長の17年度年俸は1億3700万円。トヨタ自動車の豊田章男社長は3億8000万円です。いずれも、自社における年俸トップではありません。

ソフトバンクグループでトップの年俸を得ているのは、英国子会社などを率いる副会長。報酬総額は20億1500万円です。

トヨタ自動車では、欧州子会社の経営トップなどを歴任した取締役の年俸が10億2600万円。ルノー出身者です。

外国人経営陣に高額年俸を支払う流れがある種のトレンドになっていますが、それだけが要因ではないはずです。孫正義氏や豊田章男氏は、創業者やその一族として自社株を大量に所有し、高額の株式配当金を得ていると推定できます。そのため、年俸はあえて低くしているともいえるでしょう。両氏の所有自社株と1株配当金から計算すると、配当総額は次のようになります。

孫正義氏　2億3120万株×1株配当金44円＝101億7280万円

豊田章男氏　4751000株×1株配当金220円＝10億4522万円

ちなみに、「ユニクロ」を展開しているファーストリテイリングの柳井正会長兼社長は、唯一の社内取締役として年俸は4億円（18年8月期）です。そのほかに、個人で所有する自社株による配当金は101億円強、資産管理会社や親族などの共同保有分も含めれば213億円と推定されます。

実は、**創業者や創業一族出身ではないサラリーマン経営者として、多数の自社株を所有していたのはセブン&アイホールディングス（HD）の経営トップだった鈴木敏文氏**です。

1956年に書籍取次のトーハンに入社。63年にセブン&アイHDのグループ会社、イトーヨーカ堂に転じたサラリーマン経営者の代表ともいうべき存在でした。78年にセブン-イレブン・ジャパンのトップに就任。2005年からは新たに設立したセブン&アイHDの最高経営責任者（CEO）になり、退任は2016年です。

その鈴木敏文氏は、コンビニのセブンイレブンを中心に稼ぐグループ会社を実現させたことで、500万株前後の自社株を所有。14年2月期でいえば、3億4000万円（506・5万株×1株配当金68円）程度の配当金があったはずです。

鈴木敏文氏に次ぐのがゴーン氏です。33ページの表にあるように、1万9000株の所有から出発し、２００４年３月期には３００万株を突破。２００５年３月期から１００万株台が３年続いたあとは、３００万株を超える日産株を所有していたことが、有価証券報告書で確認できます。

所有株数と１株配当金で単純掲載すると、**ゴーン氏は年俸のほかに11億円を超える配当金を手にしていた**ことになります。

●トヨタ、ホンダにようやく肩を並べた日産社員の年収

有価証券報告書では、従業員の平均年間給与や平均年齢、平均勤続年数も明らかにされます。日産自動車の数値を確認しておきましょう。

２００１年３月期における従業員３万７４７人の平均年収は、６１５万６０００円。平均年齢は40歳でした。

この数値からは、**大卒管理部門の40歳代年収が１０００万円に届くか届かないか、微妙な水準だった**ことが読み取れます。

従業員数が持株会社のように少人数でなく、平均年齢40歳前後、平均年収が７００万円台後半なら、40歳で１０００万円に届くというのが一般的な見立てです。

カルロス・ゴーン氏の日産からの受取配当金

	日産保有株数	1株配当金	受取配当金
2001年3月期	1万9000株	7円	13万3000円
2002年3月期	2万8000株	8円	22万4000円
2003年3月期	95万9000株	14円	1342万6000円
2004年3月期	304万1000株	19円	5777万9000円
2005年3月期	104万8000株	24円	2515万2000円
2006年3月期	105万3000株	29円	3053万7000円
2007年3月期	105万8000株	34円	3597万2000円
2008年3月期	306万5000株	40円	1億2260万円
2009年3月期	308万1000株	11円	3389万1000円
2010年3月期	308万7000株	0円	0円
2011年3月期	309万6000株	10円	3096万円
2012年3月期	310万4000株	20円	6208万円
2013年3月期	311万1000株	25円	7777万5000円
2014年3月期	311万7000株	30円	9351万円
2015年3月期	312万2000株	33円	1億302万6000円
2016年3月期	312万8000株	42円	1億3137万6000円
2017年3月期	313万3000株	48円	1億5038万4000円
2018年3月期	313万9000株	53円	1億6636万7000円
合計			11億3519万2000円

平均勤続年数19・5年からは、ほぼ終身雇用であることが見てとれます。

前年の2000年3月期の平均587万円からはアップですが、トヨタ自動車の785万円、ホンダの769万円にと比較すると低水準。ルノーの支援を受けざるを得なかった当時の苦境を象徴しているといっていいでしょう。

ただし、ゴーン氏が経営トップに就任してからも、トヨタ自動車やホンダとの差は縮まりません。**2004年3月期には700万円台に乗りましたが、トヨタ自動車は822万円、ホンダは807万円と、格差は依然として歴然**でした。

2010年3月期は、リーマンショックをきっかけとして本格化した世界規模の経済停滞の影響を受けて、日産自動車は赤字に陥ります。平均給与も前期比100万円強のダウン。トヨタ自動車（811万円→710万円）やホンダ（793→697万円）も同様でした。

その後、日産自動車の従業員平均給与は持ち直します。**2018年3月期の818万円は、トヨタ自動車とホンダと同水準**になりました。トヨタ自動車は831万円、ホンダは日産自動車をやや下回る808万円でした。

日産自動車の従業員平均給与推移

	平均給与	人数	平均年齢	平均勤続年数
2001年3月期	615万6000円	3万747人	40.0歳	19.5年
2002年3月期	674万円	3万365人	40.4歳	19.7年
2003年3月期	697万9384円	3万1128人	40.6歳	19.7年
2004年3月期	704万6648円	3万1389人	40.8歳	19.7年
2005年3月期	730万9244円	3万2177人	41.0歳	19.7年
2006年3月期	729万9136円	3万2180人	41.2歳	19.9年
2007年3月期	722万6628円	3万2489人	41.5歳	20.1年
2008年3月期	713万8692円	3万1081人	41.4歳	19.9年
2009年3月期	728万776円	3万389人	41.6歳	19.9年
2010年3月期	627万1632円	2万9878人	41.8歳	20.1年
2011年3月期	684万7796円	2万8403人	42.4歳	20.7年
2012年3月期	705万8538円	2万4240人	42.8歳	18.3年
2013年3月期	699万6504円	2万3605人	42.6歳	20.5年
2014年3月期	766万5074円	2万3085人	42.8歳	20.6年
2015年3月期	776万7269円	2万2614人	42.7歳	20.4年
2016年3月期	795万212円	2万2471人	42.8歳	20.3年
2017年3月期	816万4762円	2万2209人	42.8歳	20.2年
2018年3月期	818万4466円	2万2272人	42.5歳	19.4年

平均給与や従業員数などは、日産自動車1社の数値です。従業員数がピークから1万人以上減少しています。

世界規模で事業を進める企業の多くは、グループ全体の従業員は増加、親会社は減少というのが最近の流れです。

●「有価証券報告書の虚偽記載」とは何だったのか?

ゴーン氏逮捕の直接の容疑は、有価証券報告書の虚偽記載。支給されている年俸を過小に報告しているのではないか、というものでした。

有価証券報告書では、社内取締役や執行役など経営陣に対する報酬総額が開示されます。支給額が1億円以上の経営陣については個人名を記載することになっています。

もちろん、記載の仕方は一律ではありません。報酬が1億円未満であっても、個人名と金額を明らかにしたり、取締役への年金支給額まで開示する企業も存在します。

一方で、社内取締役への支給総額と、年度末の在籍人数などから計算すると、平均報酬額が1000万円に満たない企業も散見できます。支給総額は持株会社など親会社1社についてのみ記載。合計で1億円に達しないからと、兼務する子会社経営陣としての支給額については明らかにしないからです。

37ページの表で日産自動車の社内取締役への支払報酬総額と対象人数を示しています。カッコ内は、ゴーン氏を含めた年俸1億円以上の社内取締役の人数です。

そのなかで、対象人数についてのチェックが不可欠です。日産自動車の場合はほぼ実際の人数と一致しますが、大半の企業は人数を多くカウントするからです。

たとえば、3月末が決算の会社としましょう。基本的には新年度に入った6月末の定時総会で、取締役の退任、新任が決定します。

5人全員が退任、5人全員が新任とすれば、新年度における支給対象者は10人ということになります。ただし、退任者は4月から6月までの3カ月間、新任者は7月から翌年3月までの9カ月間の支給、というのが基本です。つまり、まるまる12カ月分の報酬を受け取った人数に換算すると5人ということになります。

支給対象人数が多ければ、計算上、社内取締役の平均年俸は低く出ます。一部の企業では、退任者への支給額について注記で説明したりします。

有価証券報告書における経営陣の報酬開示は、企業の方針や企業文化がはっきり示される場所です。

●ゴーンなき後の日産・ルノーのゆくえ

ゴーン氏については、逮捕後に株価連動報酬やグループ子会社からの報酬の未記載の疑いがある、といった報道もなされました。とりあえず、日産自動車は92億3200万円を過少申告していたと会計的な処理をしました。現在までの有価証券報告書における開示情報を確認しておきましょう。

1億円以上の年俸を支給されている経営陣の個人名を有価証券報告書に記載するようになったのは、2010年3月期からです。旧民主党政権時代の亀井静香金融担当大臣が、企業側の大反対を押し切って導入しました。

個人名を開示しない2009年3月期の社内取締役への報酬総額は25億7900万円。個人名を記すようになった2010年3月期の支給総額は、16億8900万円と8億9000万円の減額になっています。そこから、**ゴーン氏は2009年3月期以前は、もっと高額の報酬を得ていたのではないかという疑念**も持ち上がっています。

「取締役の報酬については、取締役会議長が、各取締役の報酬について定めた契約、業績、第三者による役員に関する報酬のベンチマーク結果を参考に、代表取締役と協議の上、決定する」

カルロス・ゴーン氏の年俸

日産自動車	ゴーン氏年俸	社内取締役支払総額	対象人数（うち1億円以上）
2010年3月期	8億9100万円	16億8900万円	10人（6人）
2011年3月期	9億8200万円	16億7500万円	8人（7人）
2012年3月期	9億8700万円	17億4800万円	8人（6人）
2013年3月期	9億8800万円	17億4600万円	9人（6人）
2014年3月期	9億9500万円	16億5300万円	8人（5人）
2015年3月期	10億3500万円	14億5900万円	10人（2人）
2016年3月期	10億7100万円	15億3500万円	9人（2人）
2017年3月期	10億9800万円	18億3600万円	8人（4人）
2018年3月期	7億3500万円	15億6400万円	8人（2人）
合計	87億8200万円	149億500万円	

三菱自動車	
2018年3月期	2億2700万円

ルノー	ユーロ
2015年12月期	725万1790ユーロ（9億4200万円）
2016年12月期	705万8736ユーロ（9億1700万円）
2017年12月期	737万6234ユーロ（9億5800万円）

（1ユーロ＝130円で換算。18年度）

■ゴーン氏の役員報酬について、日産自動車が過少記載として計上した金額

2010年３月期	2億4600万円
2011年３月期	8億6000万円
2012年３月期	9億2600万円
2013年３月期	10億5600万円
2014年３月期	9億6000万円
2015年３月期	11億3400万円
2016年３月期	11億6400万円
2017年３月期	12億4800万円
2018年３月期	16億9200万円
合計	92億3200万円

日産自動車の取締役に対する報酬決定のルールです。**恣意的に決定することが可能なお手盛りのルール**、という印象です。

いずれにしても、**ゴーン氏は明らかになっている10年3月期から18年3月期までの9年間で、日産自動車から87億8200万円の報酬を得ています。**すべて金銭による報酬です。その間、社内取締役への支給総額は149億5000万円。その58・9%がゴーン氏への支払いです。

三菱自動車からの報酬は2億2700万円。ルノーからも年間700万ユーロを超す報酬を受け取っていたことが明らかになっています。

さて、問題はどうしてゴーン氏が逮捕される事態を招いたか、ということです。「高額報酬に対する批判を避けるため」という指摘もありますが、はたしてそうでしょうか。

ソフトバンクグループが孫正義会長兼社長の後継者含みで招いたニケシュ・アローラ元副社長は、ゴーン氏をはるかに上回る報酬を得ていました。

契約金として165億5600万円。15年度報酬80億4200万円、16年度103億4600万円（退任費用含む）。そのほかに同氏に付与したソフトバンクグループ関連の株式を１０７億円４４００万円で買い取っています。単純計算で４５６億円。ゴーン氏の９年間87億８２００万円をはるかに上回る、破格の金額です。

18年３月期だけでいえば、ソニーの平井一夫会長が、ゴーン氏を上回っています。現金報酬８億９１００万円に「株式退職金」と「ストックオプション」を加えれば、27億１３００万円です。

ＬＩＸＩＬグループの瀬戸欣哉前社長兼ＣＥＯは11億２７００万円。セブン＆アイＨＤやソフトバンクグループ、武田薬品工業など年俸10億円超の外国人経営陣は珍しくなくなっています。

したがって、ゴーン氏が有価証券報告書の虚偽記載という犯罪に手を染めてまで、年俸を安く見せたかった、というのはどうでしょうか。もっと別の理由があったのでしょうか。裁判などで明らかになるのを待つしかありません。

ルノー・日産自動車・三菱自動車の３社連合の今後はどうなるのでしょうか。３社を束ねていたゴーン氏が去ったわけです。現状維持ということはあり得ないのではないでしょうか。電気自動車や自動運転車などをめぐって大競争時代に突入しており、単独での生き残りは困難な状況です。３社連合を解消する、というのは現実的ではないでしょう。

考えられることのひとつは、筆頭株主のフランス政府の意向を受けて、ルノーが日産自動車の株式を買増しして子会社にする、というものです。

一方で、日産自動車の現在の財務状況からすれば、ルノーを子会社化するのは不可能ではありません。

日産自動車が所有するルノー株を15％から25％にすれば、ルノーの日産自動車に対する議決権を消すことができます。日産自動車が直接取得できないということであれば、三菱自動車や三菱グループにルノー株10％の取得を促す方法もあります。

ルノーと日産自動車はダイムラーと資本関係を結んでいます。そのダイムラーは、中国の吉利汽車の資本を受け入れています。3社連合をさらに発展させる、という流れがあっていいでしょう。

▼PART1

数字嫌いの人のための儲ける会社の見抜き方

これまでの経営成績は「利益剰余金」で簡単にわかる

●儲ける力の強さは〝この数字〟に表れる！

企業のこれまでの経営成績は、ある数値を見るだけで簡単にわかります。貸借対照表（ＢＳ）、いわゆるバランスシートに計上されている「利益剰余金」です。

利益剰余金の金額が大きければ大きいほど、利益を積み上げてきた企業と判断できます。長期間における儲ける力が強い優良企業です。

ＢＳは「資産」「負債」「純資産」という3つのブロックで構成されていますが、利益剰余金は純資産のブロックに計上されます。会社がスタートしてからの利益の蓄積を示すものです。「内部留保」ともいい、これまでの経営成績が反映されています。財務省によれば、金融・保険業を除く全産業の内部留保は４６４兆円（17年度）でした。

個々の企業で利益剰余金トップは、トヨタ自動車です。「最終利益」とも呼ぶ「当期純利益」（実際の表記は「当社株主に帰属する当期純利益」、あるいは「親会社株主

主要企業の利益剰余金の推移

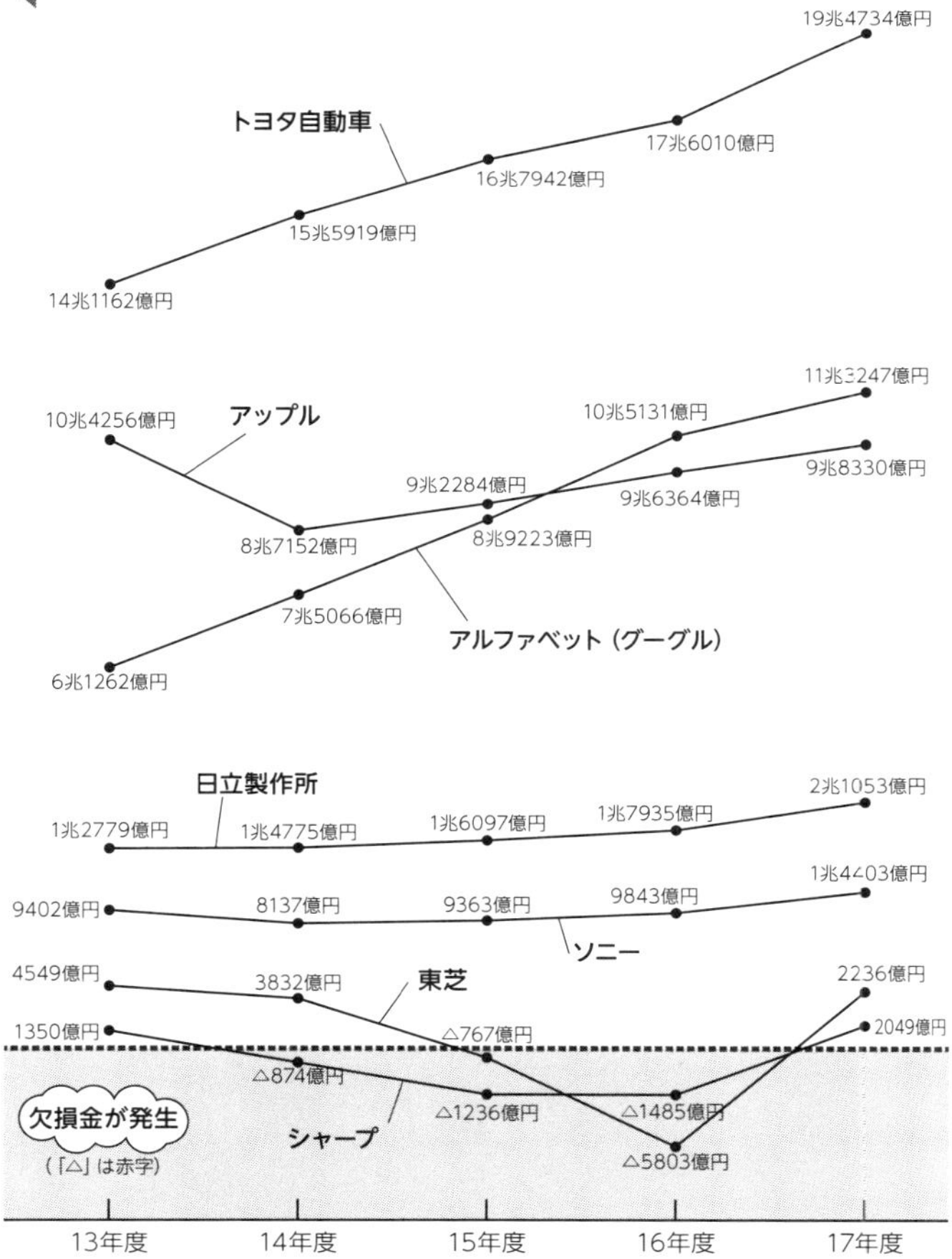

に帰属する当期純利益」など）を計上することで、利益剰余金を積み上げます。

17年度末における利益剰余金は約19・5兆円。まさに右肩上がりです。

ホンダ（7兆6113億円）やＮＴＴ（6兆2606億円）も、トヨタ自動車に劣らず利益剰余金を積み上げてきました。「はじめに」でも触れたように、日産自動車も約5兆円まで拡大。ソフトバンクグループは4兆円。ＪＲ各社の中では在来線の割合が低く、新幹線で効率よく稼いでいるＪＲ東海はおよそ3兆円です。

利益剰余金の赤字転落は危険シグナルです。最近でいえば、東芝とシャープです。両社は17年度になって赤字から脱出していますが、経営不振に陥り利益の蓄積を消し飛ばした過去があります。日立製作所とソニーも赤字転落があったことで、利益剰余金の水準は高いとはいえません。

利益剰余金の赤字は欠損金といいます。**欠損金が大きければ大きいほど儲ける力が弱い問題企業、倒産の危険度が高い企業と判断できます。**

倒産寸前の09年12月末現在の欠損金が2000億円超だった日本航空（ＪＡＬ）も、現在では利益剰余金が7000億円を超す黒字に改善しています。

利益剰余金を見れば、業績の衰退も回復ぶりもわかります。

●マイクロソフトの利益剰余金の水準は？

新興企業の場合は、株式上場時点での利益剰余金が赤字、というケースも少なくありません。たとえば、無料対話アプリのＬＩＮＥや中古品売買サイト運営のメルカリなどです。どのように判断すればいいのでしょうか。

ＬＩＮＥやメルカリの先輩ともいうべき楽天の利益剰余金は、およそ４２００億円です。ただし、黒字に転換するまでは時間がかかりました。黒字化実現は、会社設立から13年、株式上場からは10年、２０１０年12月期のことでした。

企業の体力が十分とはいえない時期に、成長に向けて積極的な投資活動を続けると赤字経営が続き、利益剰余金の黒字化が遅れることがあるということです。実際、ＬＩＮＥとメルカリの２社が利益剰余金の黒字化を実現するには、時間がかかりそうです。新興企業の利益剰余金の赤字は、長い目で見る必要もあるということです。

米国企業の利益剰余金の推移にも注目したい点があります。

米国企業では、グーグルの親会社アルファベットが12兆円台（18年度は約14・８兆円。１ドル１１０円換算）まで伸ばしています。

おむつの「パンパース」で知られるＰ＆Ｇや流通世界トップのウォルマート、ウォ

主な米国企業の利益剰余金

P&G	10兆5736億円	ウォルマート	9兆3617億円
ウォルト・ディズニー	7兆9866億円	コカ・コーラ	6兆6473億円
ペプシコ	5兆8122億円	マクドナルド	5兆3157億円
インテル	4兆6291億円	フェイスブック	4兆3989億円
マイクロソフト	1兆5050億円	アマゾン・ドット・コム	9499億円

(1ドル=110円で換算。マイクロソフトは18年6月期。その他は17年度)

ルト・ディズニーなどの利益剰余金も上表の通りです。

マイクロソフトはどうでしょうか。「利益より規模の拡大」を追い続けているアマゾン・ドット・コムはともかく、同社の利益剰余金は低水準といっていいでしょう。パソコンにおける勝者の象徴としてマイクロソフトとともに〝ウィンテル連合〟と呼ばれますが、インテルに比べ、3兆円以上下回ります。

マイクロソフトの利益剰余金がアルファベットなど世界的大企業と比べて低い水準にとどまっているのは、自社株購入や株式配当を積極的に実施しているからです。

自社株購入と配当金の支払いは、過去から積み上げてきた利益剰余金を減額させる要因になります。

なぜ、自社株を購入するのかといえば株価対策という側面があります。詳しくはのちほど触れる自己資本利益率（ROE）に関連します。**マイクロソフトは、投資家からの支持を得ようと高配当を実施し、なおかつ自社株購入をしている**と推定されます。

ちなみに、利益剰余金のすべてが現金や預金で残っているわけではありません。土地や工場などの資産になっている場合もあります。ですから「賃金アップのために内部留保（利益剰余金）を活用せよ」という意見もありますが、必ずしも現実的ではありません。

●投資先に稼がせている企業を探せ！

企業は設備投資に加え、他社株式の購入も実施します。その株式投資の〝上手・下手〟をすぐに判断できる科目があります。企業の儲け具合を示す連結損益計算書（連結PL）の**「持分法投資損益」**を確認するだけです。

たとえば、Y社はZ社の株式の30％を所有しているとしましょう。Y社はZ社の利益の30％を取り込みます。「100」の利益だったら「30」です。「200」だったら「60」です。

逆にZ社が赤字だったら、Y社は出資比率に応じて赤字を背負うことになります。

つまり、**持分法投資損益という科目からは、投資先企業選択の巧拙を見ることができる**のです。実際には、関連会社のグループに対する利益貢献度を示しているものですが、投資の巧拙の判断材料になることはいうまでもありません。「はじめに」で示した日産自動車のルノーへの利益貢献度も、この数値を元にしたものです。

左表で示したように、国内企業で持分法投資損益の黒字額が大きいのはトヨタ自動車です。三菱商事や三井物産など総合商社は純利益に占める持分法投資損益の比率が高いように、投資先に稼がせていることが明らかです。ソフトバンクグループは、アリババ・グループ・ホールディングス（ＨＤ）の利益の取込みがほとんどです。

●「日本基準」と「国際基準」では異なる点がある！

企業の決算数値で最も注目するひとつが「売上高」です。**売上高が大きい会社はそれだけ資金獲得能力がある**ことを示しています。注目するのは当然のことです。

ただし、その売上高に関してちょっとした異変が起きています。

グループ全体の経営成績を示す連結ベースでの比較では、以前は電通の売上規模は博報堂ＤＹＨＤの２倍を超えていました。しかし現在は、博報堂ＤＹＨＤが電通を上

関連会社の利益貢献を示す「持分法投資損益」推移

	15年度	16年度	17年度
三菱商事	△1753億円(――)	1174億円(26.7%)	2114億円(37.7%)
三井物産	△1320億円(――)	1705億円(55.7%)	2349億円(56.1%)
伊藤忠商事	1477億円(61.5%)	1851億円(52.6%)	2162億円(54.0%)
住友商事	△538億円(――)	834億円(48.8%)	1497億円(48.5%)
丸紅	318億円(51.1%)	1147億円(73.8%)	1485億円(70.3%)
豊田通商	△33億円(――)	104億円(9.7%)	113億円(8.7%)
トヨタ自動車	3290億円(14.2%)	3620億円(19.8%)	4700億円(18.8%)
ホンダ	1260億円(36.6%)	1647億円(26.7%)	2476億円(23.4%)
日産自動車	1225億円(23.4%)	1481億円(22.3%)	2056億円(27.5%)
日立製作所	1.56億円(0.09%)	△471億円(――)	624億円(17.2%)
ソニー	22億円(1.5%)	35億円(4.9%)	85億円(1.7%)
パナソニック	84億円(5.1%)	83億円(5.6%)	100億円(4.3%)
三菱電機	294億円(12.8%)	215億円(9.6%)	222億円(3.1%)
キヤノン	4.4億円(0.2%)	8.9億円(0.6%)	11億円(0.5%)
新日鉄住金	441億円(30.4%)	791億円(60.5%)	1226億円(52.9%)
NTT	57億円(0.8%)	△0.2億円(――)	55億円(0.6%)
ソフトバンクグループ	3753億円(79.2%)	3215億円(22.5%)	4045億円(38.9%)
日本郵政	10億円(0.3%)	16億円(――)	3.4億円(0.1%)
イオン	20億円(33.5%)	△0.4億円(――)	38億円(15.7%)
セブン&アイHD	19億円(1.2%)	20億円(2.1%)	14億円(0.8%)
JXTGHD	142億円(純利益赤字)	255億円(17.0%)	625億円(17.2%)

(「△」は赤字。カッコ内の%は、親会社の株主に帰属する当期純利益に占める割合)

回っているのです。

博報堂ＤＹＨＤが取引額全体を計上する日本基準で決算書を作成しているのに対し、電通は手数料ベースの国際会計基準で連結決算を作成しているからです。

国際会計基準による広告代理店の売上高は、日本基準の売上高総利益（粗利益）にほぼ相当するといっていいでしょう。博報堂ＤＹＨＤの売上高総利益は３０００億円には届いておらず、むしろ実際の差は拡大しているといっていいでしょう。

ただし、連結決算は国際会計基準、単体決算は日本基準というケースが主流です。したがって、電通のように親会社１社の売上高が、グループ全体の売上高を上回るケースも目につくようになっています。

百貨店業界も同じです。売上高トップは三越伊勢丹ＨＤで変わりありませんが、２位以下で変動がありました。大丸や松坂屋を運営しているＪ・フロントリテイリングの売上高が、半分以下に落ち込んだことで、２位から転落したのです。

阪急百貨店と阪神百貨店を擁するＨ２Ｏリテイリングは、大手スーパーのイズミヤをグループ化したことで売上高を伸ばしています。

百貨店は、入居しているテナントで実際に販売があった時点でテナントから仕入れ

会計基準の変更で売上高順位に異変が！

■電通と博報堂DYHDの売上高推移

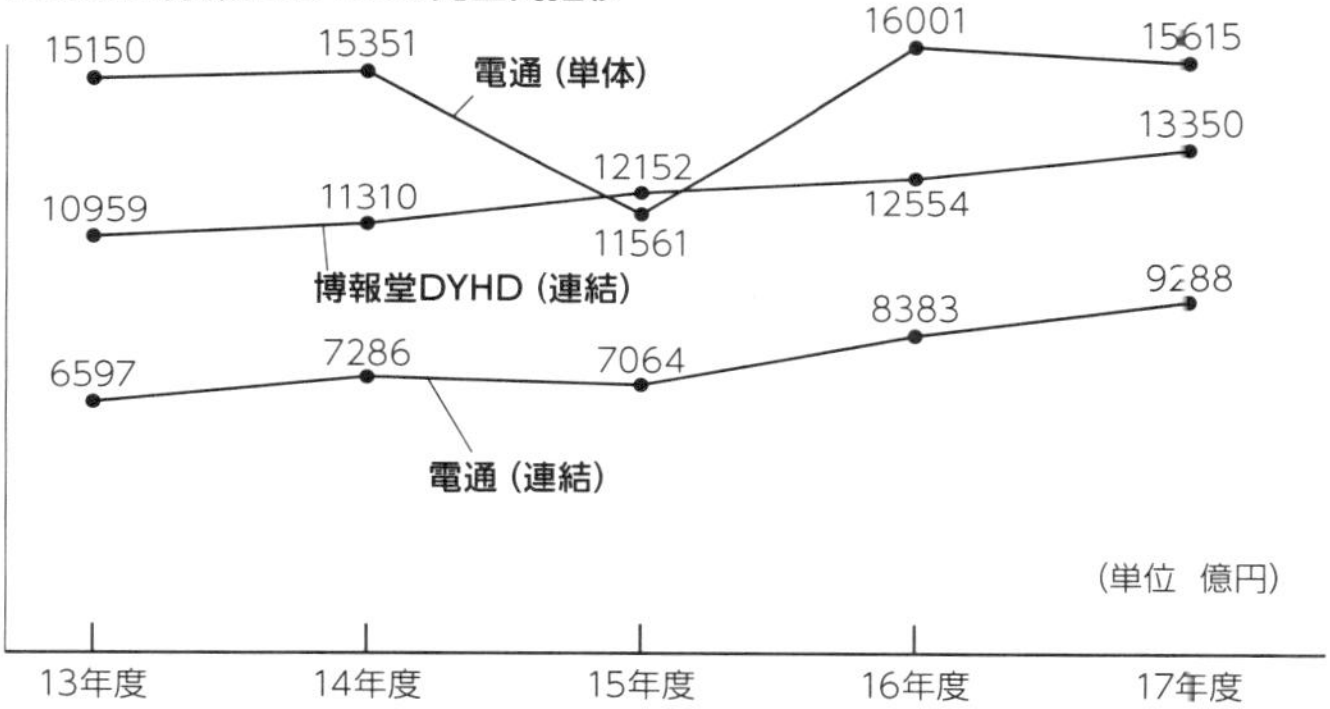

■大手百貨店の売上高推移

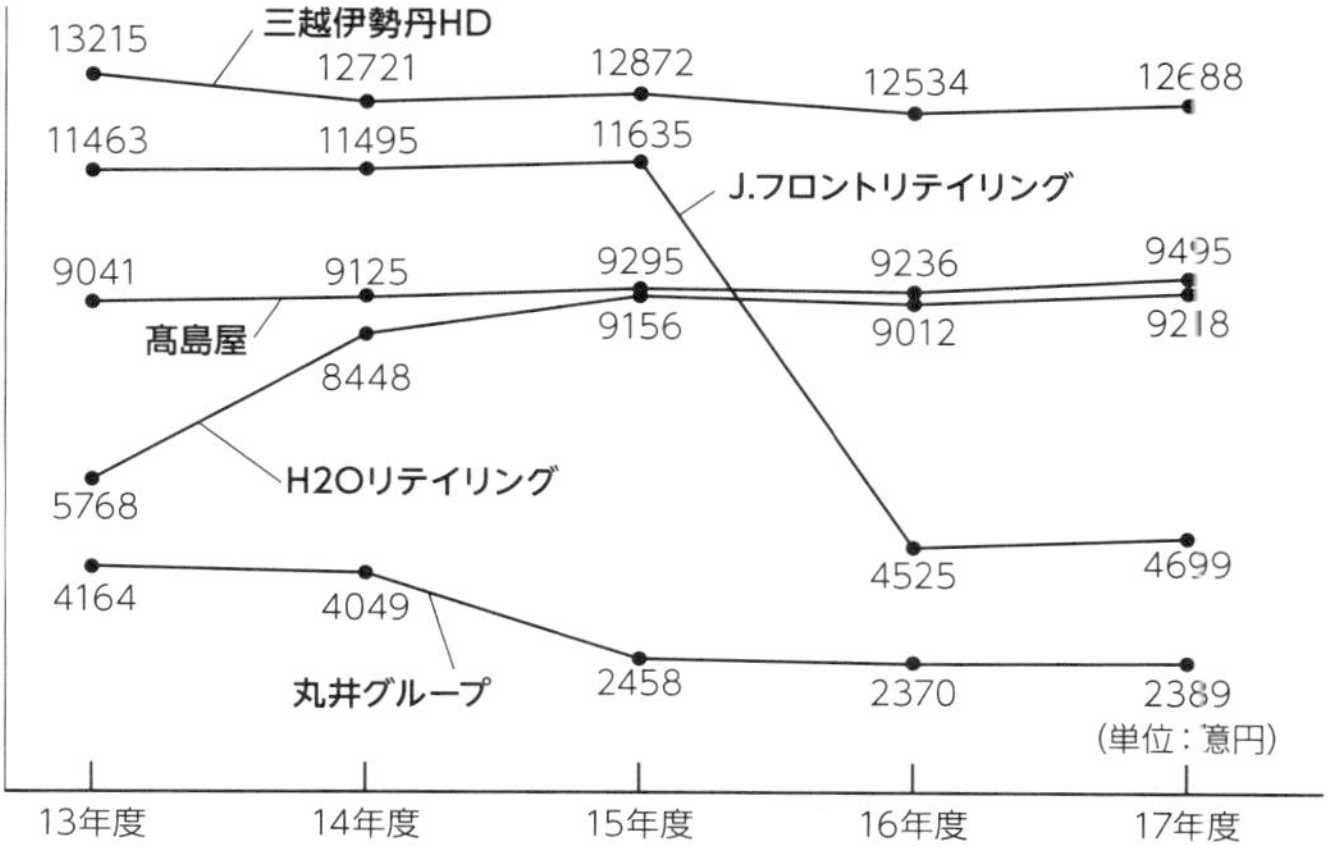

たことにして、仕入と売上を同時に計上します。「消化仕入方式」という商習慣です。「はじめに」でも触れたように、ネット通販サイト「ZOZOTOWN」も採用したビジネスモデルです。**圧倒的な力関係を背景に、在庫負担をテナントに負わせる**というものです。

J・フロントリテイリングは、その消化仕入方式について、取扱高ベースから手数料収入ベースの国際会計基準に移行しました。そのため、売上高が表面的には落ち込んだのです。三越伊勢丹HD、高島屋、H2Oリテイリングは従来通りの日本基準です。

丸井グループは日本基準のままですが、消化仕入取引について総額表示から利益相当額のみを売上に計上する純額表示に変更したことで売上高が減額になっています。

「日本基準」や「国際基準」以外に、「米国基準」を採用している企業もあります。ソニーやキヤノン、それに東芝などです。

その東芝ですが、不正会計の発覚や子会社化していた米国の原発メーカーの経営破綻などで、経営危機に陥ったことは広く知られるところです。結局、稼ぎ頭のメモリ事業（東芝メモリ）を売却して、上場廃止・経営破綻をなんとか免れました。医療機器やテレビ、白物家電、パソコン事業なども売却しました。

東芝はそれらの事業の売却が年度内に完了しなくても、「継続事業」から「非継続事業」に組み替えています。そのため決算数値、とくに売上高については継続性が損なわれている面もあります。

たとえば、東芝の決算書における17年度売上高は3兆9475億円ですが、メモリ事業を含めれば売上高はおよそ5兆円でした。17年度末時点で東芝メモリの売却は完了していませんでした。

非継続事業は売却予定事業や廃止事業と置き換えてもいいでしょう。米国会計基準や国際会計基準では、〝継続〟と〝非継続〟は明確に分ける必要があるのです。

売上高や利益など決算数値を確認する場合は、適用している会計基準に注意を払う必要があります。

●ファーストリテイリングの「ユニクロ」店舗の売上高は？

数千億円、あるいは兆円単位にもなる売上高ですが、数字の見方次第で身近に感じることもできます。さらに、ライバル企業や馴染みの小売店、外食企業の店舗状況なども知ることができます。

たとえば、「ユニクロ」を展開するファーストリテイリングです。同社の売上高は2兆円を超え、衣料品販売ではインディテックス（スペイン）、H&M（スウェーデン）に次ぐ世界3位。その国内店舗の1日平均売上高を算出してみましょう。

同社は都道府県別の店舗数と商品売上高を開示しています。それを元に「ユニクロ」の各店舗（国内直営）が1年365日営業したとして、1日平均売上高と期末店舗数を示したものが左表です。

成長のために海外事業の拡大に注力していることが明白です。それにともない、17年8月期の国内店舗数は前年比で減少になっています。その**国内790店舗の1日平均売上高は255万円**。ただし、東京の店舗に限れば355万円、1店舗しかない島根県は138万円です。18年8月期決算では、国内直営店舗は784店舗に減少。都道府県別売上高の開示もなくなりました。この表が最後になるかもしれません。

他社はどうでしょうか。ドンキホーテHD（パン・パシフィック・インターナショナルHDに社名変更）が展開している**「ドン・キホーテ」は、1000万円を超す大型店もあるようですが、平均すると1店舗1日平均売上高はおよそ600万円**です。**良品計画の「無印良品」は140万円**、しまむらが運営している**「しまむら」業態は**

■「ユニクロ」――都道府県別１店舗１日平均売上高推移

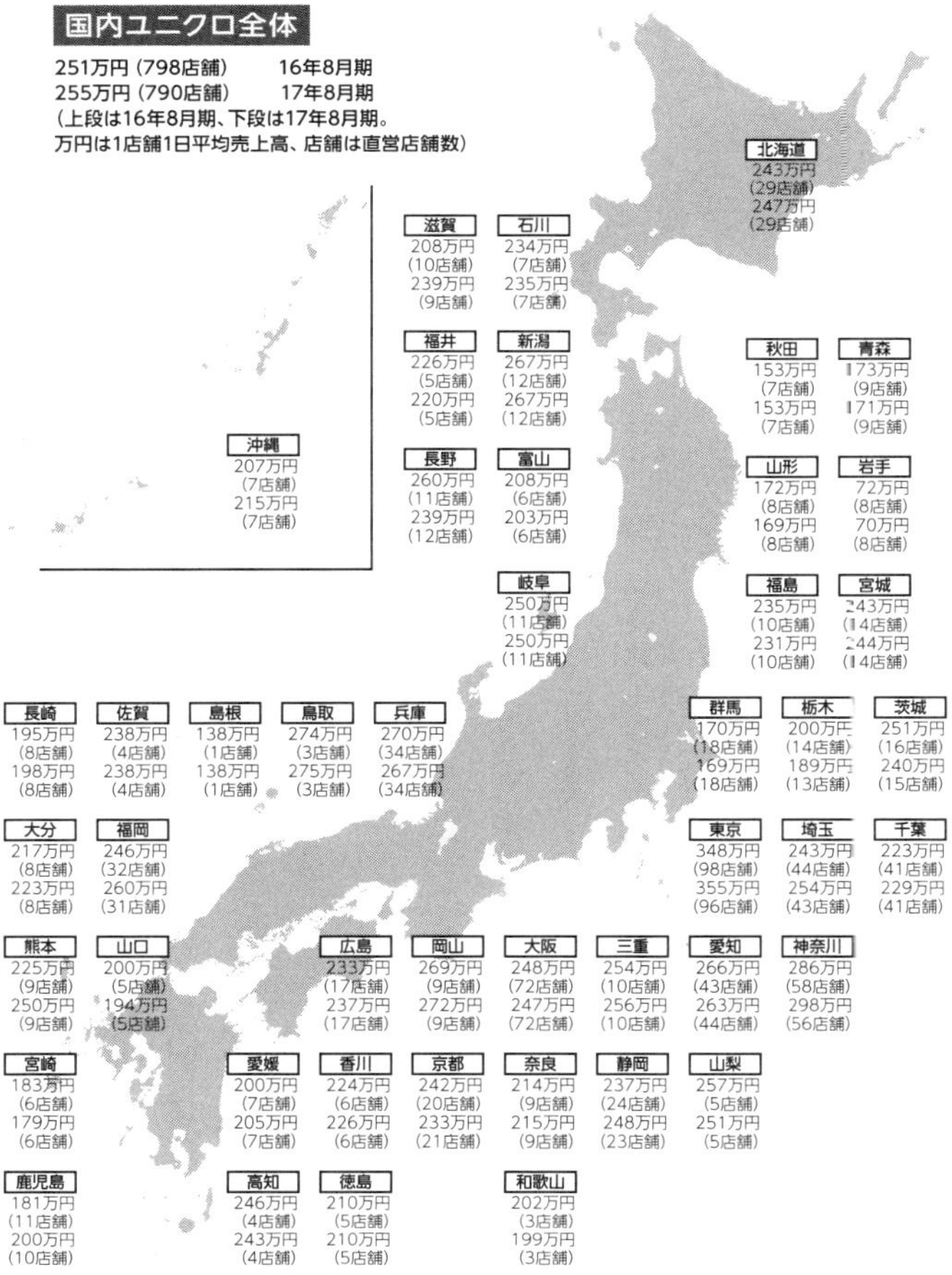
国内ユニクロ全体
251万円 (798店舗)　16年8月期
255万円 (790店舗)　17年8月期
(上段は16年8月期、下段は17年8月期。
万円は1店舗1日平均売上高、店舗は直営店舗数)
北海道 243万円 (29店舗) 247万円 (29店舗)
滋賀 208万円 (10店舗) 239万円 (9店舗)
石川 234万円 (7店舗) 235万円 (7店舗)
福井 226万円 (5店舗) 220万円 (5店舗)
新潟 267万円 (12店舗) 267万円 (12店舗)
秋田 153万円 (7店舗) 153万円 (7店舗)
青森 173万円 (9店舗) 171万円 (9店舗)
沖縄 207万円 (7店舗) 215万円 (7店舗)
長野 260万円 (11店舗) 239万円 (12店舗)
富山 208万円 (6店舗) 203万円 (6店舗)
山形 172万円 (8店舗) 169万円 (8店舗)
岩手 72万円 (8店舗) 70万円 (8店舗)
岐阜 250万円 (11店舗) 250万円 (11店舗)
福島 235万円 (10店舗) 231万円 (10店舗)
宮城 243万円 (14店舗) 244万円 (14店舗)
長崎 195万円 (8店舗) 198万円 (8店舗)
佐賀 238万円 (4店舗) 238万円 (4店舗)
島根 138万円 (1店舗) 138万円 (1店舗)
鳥取 274万円 (3店舗) 275万円 (3店舗)
兵庫 270万円 (34店舗) 267万円 (34店舗)
群馬 170万円 (18店舗) 169万円 (18店舗)
栃木 200万円 (14店舗) 189万円 (13店舗)
茨城 251万円 (16店舗) 240万円 (15店舗)
大分 217万円 (8店舗) 223万円 (8店舗)
福岡 246万円 (32店舗) 260万円 (31店舗)
東京 348万円 (98店舗) 355万円 (96店舗)
埼玉 243万円 (44店舗) 254万円 (43店舗)
千葉 223万円 (41店舗) 229万円 (41店舗)
熊本 225万円 (9店舗) 250万円 (9店舗)
山口 200万円 (5店舗) 194万円 (5店舗)
広島 233万円 (17店舗) 237万円 (17店舗)
岡山 269万円 (9店舗) 272万円 (9店舗)
大阪 248万円 (72店舗) 247万円 (72店舗)
三重 254万円 (10店舗) 256万円 (10店舗)
愛知 266万円 (43店舗) 263万円 (44店舗)
神奈川 286万円 (58店舗) 298万円 (56店舗)
宮崎 183万円 (6店舗) 179万円 (6店舗)
愛媛 200万円 (7店舗) 205万円 (7店舗)
香川 224万円 (6店舗) 226万円 (6店舗)
京都 242万円 (20店舗) 233万円 (21店舗)
奈良 214万円 (9店舗) 215万円 (9店舗)
静岡 237万円 (24店舗) 248万円 (23店舗)
山梨 257万円 (5店舗) 251万円 (5店舗)
鹿児島 181万円 (11店舗) 200万円 (10店舗)
高知 246万円 (4店舗) 243万円 (4店舗)
徳島 210万円 (5店舗) 210万円 (5店舗)
和歌山 202万円 (3店舗) 199万円 (3店舗)

90万円弱です。日本マクドナルドHDのマクドナルドは、直営店に限れば58万円、FC店舗は46万円で、全体平均では約49・5万円です。

●株式投資には「ROE」などのチェックが不可欠！

有価証券報告書の最初のページには「売上高」などに続いて、「純資産額」「資産合計（総資産額）」「1株当たり純資産額」「自己資本利益率」といった科目が示されています。企業の〝今〟を読むための指標。とくに、株式投資に際しては、チェックが欠かせません。

1株当たりの純資産額は、数字を確認するだけですぐにわかりますが、「純資産額÷発行株式総数」で計算します。

会社が解散すると仮定して、「1株金額×保有株式数」が、株主に還元されると想定します。つまり、**1株当たりの純資産額の金額が高いほど、安定性が高い企業と見ることができます。**

1株当たりの純資産額は、株価の判断材料にも使います。

「株価＞1株当たり純資産額」であれば株価が割高な株式であり、「株価＜1株当たり純資産額」なら割安株と判断することができます。ただし、優良と目されている企業の株価は1株当たり純資産額を上回っていることが多いものです。「株価＜1株当たり純資産額」というパターンから、株価上昇が期待できる企業を探し出すのが、投資家の醍醐味のひとつともいえるでしょう。

「ROE」という経営指標もすっかり定着し、重要視されるようになっています。「自己資本利益率」です。

ROEは株主の資金を使っていかに効率よく稼いでいるかを見るための指標です。配当金を含めて株主重視の経営がおこなわれているかといった判断にも役立ちます。数値が高いほど好ましいとされ、「目標ROE△△%」と明示している企業もあります。

ファッション通販サイト「ZOZOTOWN」を運営しているZOZOは16年度72・7%、17年度57・4%です。自社で運営する実店舗とZOZOTOWNでの販売も多いユナイテッドアローズは16年度16・1%、17年度16・3%。2社のこれまでの親密な関係は変化していくようですが、ROEにも影響してくるのでしょうか。16年度56・4%、17年度40・7%をマークしていたRIZAPグループの推移にも注目しておきたいものです。

「ROE（自己資本利益率）＝当期純利益÷自己資本×100％」が計算式です。計算式でも明らかなように、ROEの改善には当期純利益を増やすことが不可欠です。あるいは、分母の自己資本を減らすことで数値をアップすることも可能です。

マイクロソフトで触れましたが、すでに発行している自社株式の一部を市場で買い戻す「自社株取得」が目立っています。流通する株式総数が減少することで株価上昇が期待できると投資家も注目しており、企業は「今年の自社株取得枠は△×株（あるいは△△億円）規模」などと発表したりします。

この自社株取得は株価対策の意味合いが濃いのですが、同時に、企業にとっては資本の効率化を図る目的もあります。ROEの改善（上昇）につながるのです。

自社株取得は、「株主に出資金の一部を払い戻す」という意味合いがあります。BSでは自社株をマイナスとして計上するため、自己資本が減額になるのです。

「自社株取得→自己資本減額→ROE上昇」ということです。

●企業の「これまで」と「これから」を読む

企業の現況や成長可能性などを瞬時に判断する方法があります。

有価証券報告書や決算短信の最初のページに記載されている**「営業活動によるキャッシュフロー（営業ＣＦ）」「投資活動によるキャッシュフロー（投資ＣＦ）」「財務活動によるキャッシュフロー（財務ＣＦ）」を確認するだけ**です。

財務3表のひとつであるキャッシュフロー計算書（ＣＦ計算書）の重要科目です。ＣＦ計算書はキャッシュの流れに着目した決算書であり、企業の「これまで」と「これから」を読むためにも確認が欠かせません。１４０ページ以降で詳しく触れますが、簡潔に説明しておきましょう。

営業ＣＦは、企業がどれだけのキャッシュを獲得したのか、キャッシュインを示します。損益計算書（ＰＬ）における利益は必ずしもキャッシュをともなうものではありませんが、営業ＣＦでは実際に手にしたキャッシュを示します。

投資ＣＦは、工場の拡張や企業の買収に投じたキャッシュが明らかになります。工場や子会社の売却なども含めてキャッシュの流れを計算しますが、キャッシュアウト（出金）がキャッシュイン（入金）を上回るのが一般的です。出金超の場合は「△」をつけて表示します。**出金額が入金額を上回っているということは、持続的な成長を目的に、積極的に投資をしていることを示しています。**将来性が期待できるわけです。

財務ＣＦでは、新たな借入金や借入金の返済、支払配当金などを計算します。新規の借入金が多かったりすると入金超になります。借入金の返済と支払配当金が借入による入金を上回れば、出金超として「△」を付けて金額を表示します。

営業ＣＦなど、ＣＦ計算書の数値を見るときの基本は、以下の２点です。

①「△」は赤字を連想させることからマイナス評価をしがちですが、ＣＦ計算書の数値を見るときはその常識を捨て去ることがポイントです。とくに、**投資ＣＦと財務ＣＦの出金超（赤字）は歓迎すべきプラス評価の場合もあります。**

②営業ＣＦと投資ＣＦの「和」を「フリーキャッシュフロー（フリーＣＦ）」といい、黒字なら、本業で稼いだキャッシュが投資に使ったお金より多いことを示しています。企業が自由に使えるお金であり、黒字を重ねれば手持現金が積み上がるのが一般的です。

フリーＣＦが出金のほうが多い赤字状態の場合は、新たな資金調達など財務ＣＦを黒字にすることで埋め合わせをすることになります。

●トヨタ自動車とソフトバンクグループのキャッシュの流れ

日本企業を代表するトヨタ自動車とソフトバンクグループのCF計算書の重要3科目を確認してみましょう。08年度から17年度までの10期をまとめたものが65ページの表です。

両社とも「営業CF＝○」「投資CF＝△」「財務CF＝○」は共通しています。企業本来の営業活動でキャッシュを獲得し、それを活用してさらなる成長のために投資への出金を続けているわけです。異なるのはフリーCFです。

もちろん、それぞれの金額は異なります、**トヨタ自動車が10期累計で獲得した営業CFでのキャッシュは29兆円**を超えます。平均すると年間2兆9000億円強です。自動車や住宅などの販売で手にしたキャッシュから原材料費や仕入代金、営業経費、人件費、税金などを支払っても、毎年、2兆9000億円強のキャッシュを創出しているということです。

一方、**工場の新設や増強、戦略的提携にともなう出資など、投資CFは10期累計で28兆円6290億円の赤字**です。それだけの巨費を社外に投じたのです。年間平均の赤字額は2兆8629億円。稼ぎもすごいですが、投資額も頭抜けています。

10期累計のフリーCFは7510億円の黒字。借入金の返済や社債の償還などより新規の資金調達が上回っているため、10期累計の財務CFは9547億円の黒字です。自動車ローンやリース、クレジットカードなど金融事業も展開しており、その金融部門での資金調達が多額のために財務CFが入金超の黒字になっているわけです。自動車部門に限れば、返済が新規の資金調達を上回る「△」です。

トヨタ自動車が抱える有利子負債についても同じことがいえます。自動車部門の有利子負債は1兆円程度です。売上高がおよそ30兆円であることからいえば、自動車部門の有利子負債はほぼゼロといってもいいでしょう。

ただし、金融部門の有利子負債はおよそ18兆円で、合計すると19兆円を上回っています。**売上高日本トップのトヨタ自動車は同時に、最大の借金企業でもある**のです。17年度の利子返済は4150億円でした。

ただし、現金はもとより定期預金、有価証券、金融債権、受取手形、売掛金など現金化が可能な資産を合計すれば、有利子負債を上回っています。無借金経営ではありませんが、「トヨタ銀行」などといわれる所以です。

ソフトバンクグループの10期累計の営業CFは9兆3999億円のプラス、そ

２社の10期累計のキャッシュの流れは？

トヨタ自動車

(08年度～17年度の10期累計)

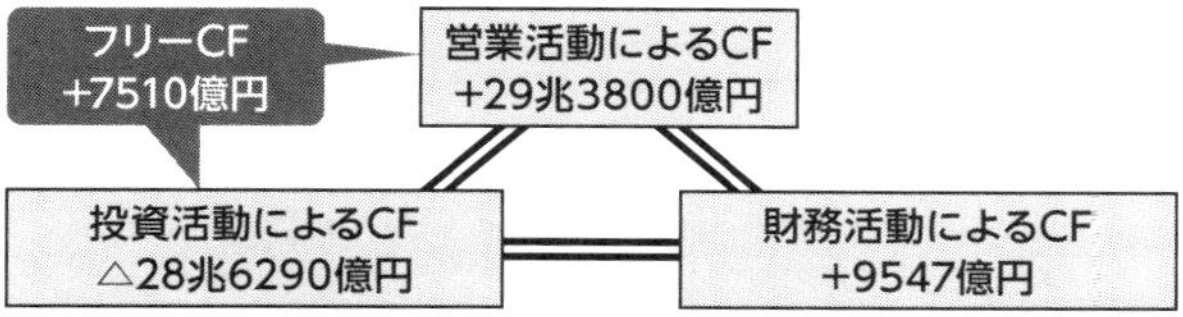

	8年度	9年度	10年度	11年度	12年度	13年度	14年度	15年度	16年度	17年度
営業活動による CF	○	○	○	○	○	○	○	○	○	○
投資活動による CF	△	△	△	△	△	△	△	△	△	△
財務活動による CF	○	△	○	△	○	○	○	△	△	△

○＝黒字（入金超過）、△＝赤字（出金超過）

ソフトバンクグループ

(08年度～17年度の10期累計)

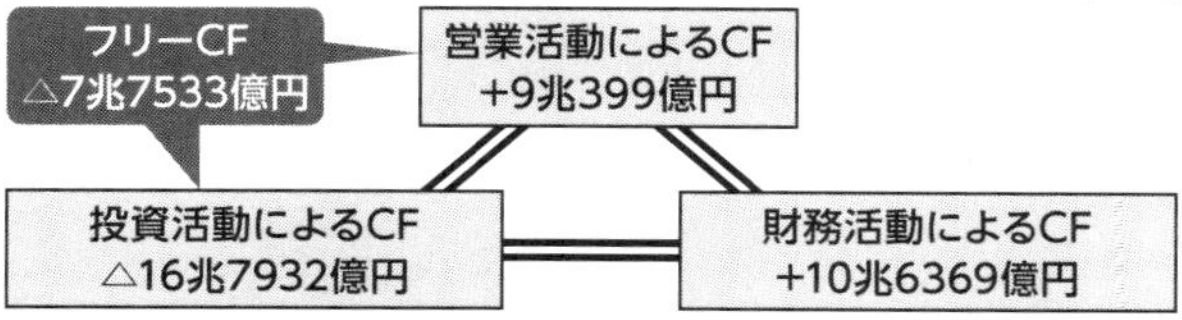

	8年度	9年度	10年度	11年度	12年度	13年度	14年度	15年度	16年度	17年度
営業活動による CF	○	○	○	○	○	○	○	○	○	○
投資活動による CF	△	△	△	△	△	△	△	△	△	△
財務活動による CF	△	△	△	△	○	○	○	○	○	○

○＝黒字（入金超過）、△＝赤字（出金超過）

れに対して投資ＣＦは16兆７９３２億円のマイナスです。結果、フリーＣＦは７兆７５３３億円のマイナスです。積極的といった表現を超えた投資を続けているからです。

英国の半導体関連企業のアームＨＤの買収や、サウジアラビア政府系ファンドなどと共同で運用している10兆円規模のファンド（ソフトバンク・ビジョン・ファンド）での投資などで、16年度と17年度は投資ＣＦの赤字が４兆円を突破しています。トヨタ自動車も１度だけ投資ＣＦの赤字が４兆円を超えたことがありますが、２期連続はありません。

キャッシュインを大幅に上回るキャッシュアウトをカバーするために、ソフトバンクグループは、借入や社債の発行などで新規の資金調達を実施。10期累計の財務ＣＦは10兆６３６９億円の入金超になっています。

結果、有利子負債が拡大。07年度は約２兆５０００億円でしたが、17年度末は17兆４２１億円に膨れ上がっています。17年度の支払利息は約５４００億円です。そのソフトバンクグループの武器は含み益です。含み益については、１１２ページ以下で説明します。

ボーイングとアップルのBS

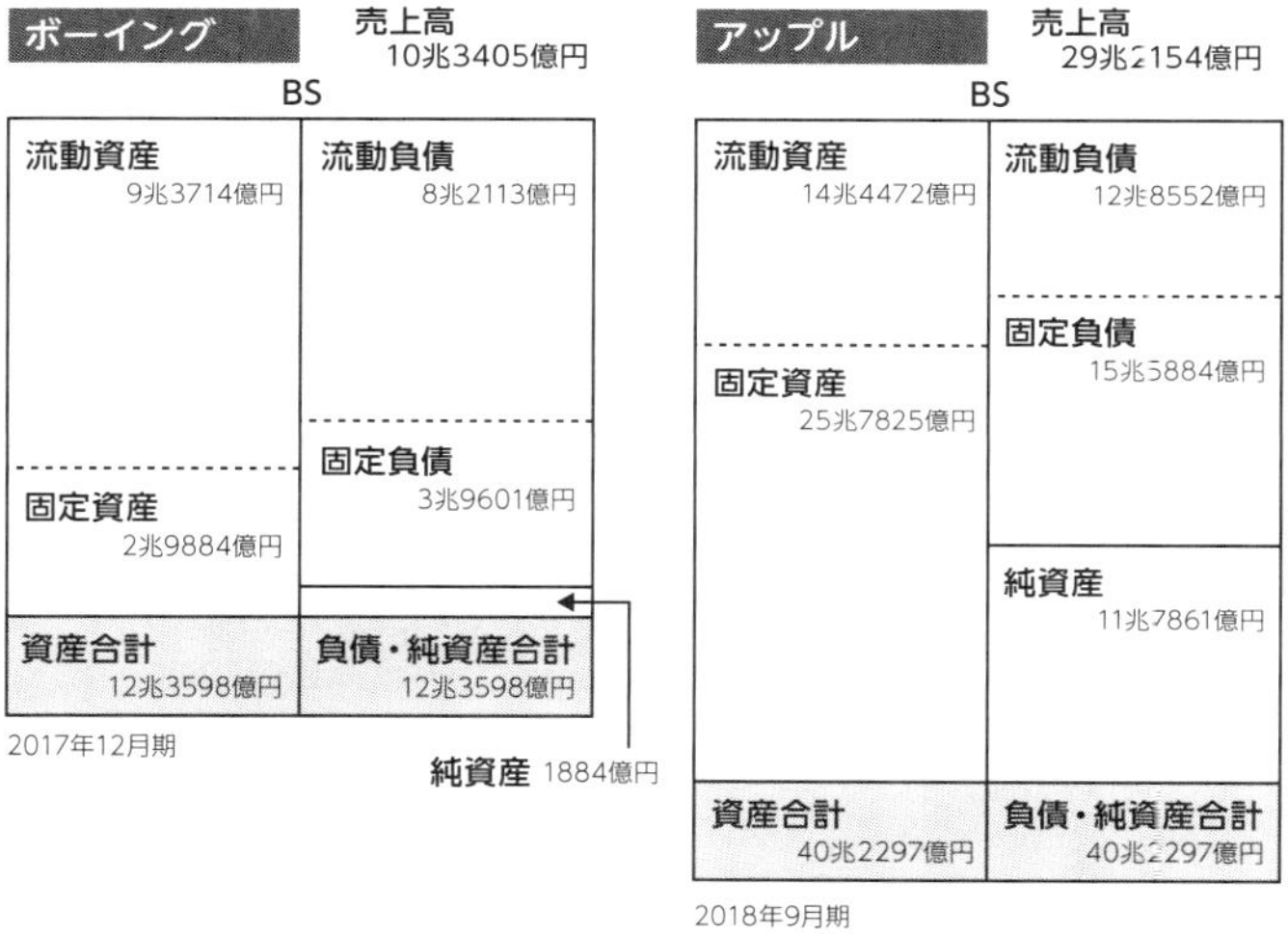

●ジャンボジェットとスマホ、稼げるのはどっち？

民間航空機世界大手のボーイングとｉＰｈｏｎｅで知られるアップルのＢＳを見てみましょう。両社のホームページ、あるいはＳＥＣ（米国証券取引委員会）のホームページで確認することができます。

ボーイングのＢＳを見て、何か気がつきませんか。純資産が異常に少ないということです。**「純資産÷資産合計×１００％」で求める自己資本比率は２％を切ります。**高いほど借入金の返済能力などで安全な企業とされる自己資本比率ですが、アップルの36％弱と比べるとその差は歴然としています。倒産の危機に瀕した東芝にしても、18年3月期は17％強まで回復しています（17年3月期はマイナス13％）。

777型や787型などの民間航空機だけでも毎年800機弱を世界で納入し、受注残も6000機近く抱えているだけに実際にはあり得ないと思われますが、**自己資本比率だけでいえば倒産レベル**と見ることもできます。マイクロソフトと同じように、株価対策として自社株購入を進めた結果です。

資産合計と売上高を比較してください。ボーイングの資産合計は、売上高を少し上回る程度です。販売する製品の製造は外部委託中心のアップルにしても、資産合計は売上高を11兆円以上上回っています。「資産合計÷売上高」で計算すると、トヨタ自動車は1・7倍、ドイツのVWは1・8倍です。トヨタ自動車の資産合計は50兆円強、VWは1ユーロ130円換算で約55兆円です。

ボーイングは、工場などの設備をあまり持たず効率がいいビジネスモデルを追求しているということでしょう。日本企業でいえば三菱重工業や川崎重工業、SUBARUがボーイング機の製造を分担しています。

▼PART2

強い会社の〝数字〟は、ココが違う！

従業員数と投資額から見える企業の「力」の入れ具合

●報道ではわからない各会社の次の一手

有価証券報告書でしか開示されないデータのひとつが「設備の状況」です。決算説明書などで設備投資の総額を開示している企業を見かけますが、有価証券報告書では総額に加え、内訳やそれぞれの設備の状況（土地などを含む工場・店舗資産や従業員数など）、今後の設備投資計画など詳細な報告がなされます。

設備投資からは企業がどの事業分野に力を入れ伸ばそうとしているのかといったことや、海外展開における重点地域などを知ることができます。

トヨタ自動車の17年度の設備投資額は、売上高の4・4％に相当する1兆3027億円でした。国内はもとよりケンタッキー（米）、タイ、カナダの子会社への投資が目立ちます。電気自動車（ＥＶ）の導入などシェア拡大を目的に中国への投資も発表していますが、有価証券報告書では、カナダ、インディアナ（米）、ブラジ

主要メーカーの設備投資額と設備の状況

トヨタ自動車

設備投資額	田原工場	ケンタッキー（米）	タイ
1兆3027億円	資産価値 1313億円	資産価値 2212億円	資産価値 1747億円
	従業員 7237人	従業員 8162人	従業員 1万182人

日立製作所

設備投資額	ホライズン（英）	メキシコ	ケンタッキー（米）
3749億円	資産価値 1813億円	資産価値 475億円	資産価値 358億円
	従業員 295人	従業員 3670人	従業員 3626人

新日鉄住金

設備投資額	君津製鉄所	八幡製鉄所	鹿島製鉄所
4119億円	資産価値 3542億円	資産価値 3061億円	資産価値 3039億円
	従業員 3437人	従業員 3563人	従業員 2963人

信越化学工業

設備投資額	直江津工場	武生工場	シンテック（米）
1762億円	資産価値 360億円	資産価値 246億円	資産価値 4249億円
	従業員 722人	従業員 448人	従業員 607人

（17年度）

ル子会社などの生産設備増強に動くことも明らかにしています。

国内外に数多くの生産・販売拠点を構えていることの証明です。同社の国内最大ともいうべき「田原工場」の従業員はグループ全従業員のほぼ2%、工場資産は1・3%にすぎません。本社勤務の従業員にしても全体に占める割合は6・5%です。

日立製作所は設備投資金額の3分の1を特殊鋼製品や磁性材料など「高機能材料」分

野に、２割強を原発や鉄道車両などの「社会・産業システム」に振り分けています。その原発関連で買収したのが英国の原発開発企業です。結局、英国における原子力発電所の建設は断念。３０００億円程度の損失を計上しました。原発子会社を巡って経営破綻寸前まで追い込まれた東芝を連想した投資家は少なくなかったはずです。

日本製鉄に社名を変更する新日鉄住金の場合は、投資総額４１１９億円の95％が製鉄事業向けです。第２高炉の建設など和歌山製鉄所への投資は、トータルで１１５０億円を予定しています。

君津製鉄所と八幡製鉄所の従業員は、約３６００人の本社従業員とほぼ同レベルです。当然のことですが、鉄鋼など素材事業は生産現場が主役であることがわかります。

塩化ビニル樹脂と半導体材料（シリコンウエハ）で世界トップの信越化学工業は、米国の塩化ビニル子会社、シンテックへの投資が目立ちます。事実、同社の資産価値は４０００億円超と、国内の工場を大きく上回る規模です。グループ全体の土地や建物などの資産である「有形固定資産」の半分はシンテックが占めています。エチレン製造設備が完成すれば、さらにその規模は拡大するはずです。

生産現場の規模でいえば、信越化学工業は〝米国企業〟といってもいいほどです。

トランプ大統領による減税の恩恵もあったはずです。

●“脱百貨店”を目指すＪ・フロントリテイリング

百貨店は、それぞれの店舗の資産価値や従業員・パート数を開示しています。売上高も含めて、主要百貨店の概要を75ページの表にしました。それぞれの店舗の状況からは、各社の経営の方向性が浮かび上がってきます。「ユニクロ」のファーストリテイリング、ディスカウントショップの旧ドンキホーテホールディングス（ＨＤ）、シューズ販売のＡＢＣマートについては新設店舗への投資をまとめました。

Ｊ・フロントリテイリングの「大丸東京店」に注目してください。同グループのなかでは、松坂屋名古屋店、大丸心斎橋店、大丸神戸店に次ぐ売上高です。その年間売上高７９０億円は、1年３６５日営業として１日平均売上高２・１億円に相当します。同じように計算すれば、売上高日本一の伊勢丹新宿本店の４分の１をやや上回る程度です。ただし、**従業員とパートの合計人数は91人と、伊勢丹新宿本店２１７５人のほぼ４％という少人数による店舗運営**です。

ＪＲ東日本に年間53億円の賃料を支払っているように、東京駅から直行できる立地もあって、1日の利用客は10・7万人（年間3915万人）を突破。売上高では下回っていますが、グループの松坂屋名古屋店や大丸心斎橋店をはるかに凌ぐ集客力です。新幹線乗客などを中心に、弁当や土産用の菓子類を買い求める人が多いのでしょう。

大丸東京店では1人の店舗スタッフが毎日、約1200人の客の対応をしている計算になります。もちろん、少人数による店舗運営が可能なのは、地下の食品フロアから最上階まで、他の百貨店に比べてテナント入居が多いからです。生活雑貨などのホームセンターである東急ハンズは、複数階でフロア展開をしているほどです。

J・フロントリテイリングは、松坂屋名古屋店のような従来型の百貨店を残しつつも、集客力のあるテナントを積極的に立地。ファッションビルを手がけているパルコを子会社にしていることでも明らかなように、テナントの積極的な誘致とショッピングセンター化を推進する、**〝脱百貨店〟が成長戦略です。**

銀座松坂屋跡地を再開発し、17年春にオープンした「ギンザシックス」の商業施設に、百貨店が復活することはありませんでした。

平均的に稼ぐ店舗を揃えている高島屋もディベロッパー事業の子会社を抱え、ショッピングセンターや不動産事業に注力しています。東京・日本橋高島屋の隣接地

百貨店を含む小売大手の店舗状況

三越伊勢丹HD

伊勢丹新宿本店	
資産価値	518億円
従業員	851人
パート	1324人
年間売上高	2741億円

三越日本橋本店	
資産価値	1379億円
従業員	707人
パート	948人
年間売上高	1553億円

三越銀座店	
資産価値	1064億円
従業員	258人
パート	499人
年間売上高	878億円

J.フロントリテイリング

松坂屋名古屋店	
資産価値	820億円
従業員	342人
パート	32人
年間売上高	1176億円

大丸心斎橋店	
資産価値	411億円
従業員	207人
パート	43人
年間売上高	839億円

大丸東京店	
資産価値	53億円
従業員	85人
パート	6人
年間売上高	790億円

高島屋

大阪店	
資産価値	277億円
従業員	884人
パート	687人
年間売上高	1414億円

日本橋店	
資産価値	917億円
従業員	1236人
パート	684人
年間売上高	1342億円

新宿店	
資産価値	2056億円
従業員	373人
パート	371人
年間売上高	881億円

H2Oリテイリング

阪急本店	
資産価値	189億円
従業員	846人
パート	369人
年間売上高	2403億円

近鉄百貨店

あべのハルカス近鉄本店	
資産価値	271億円
従業員	896人
パート	364人
年間売上高	1176億円

松屋

銀座店	
資産価値	373億円
従業員	531人
パート	——
年間売上高	746億円

ファーストリテイリング

新設投資

海外「ユニクロ」約177店舗
出店に281億円投資予定
国内は約30店舗出店に
45億円投資予定

旧ドンキホーテHD

新設投資

国内23店舗出店に
412億円投資予定
（うち関東地方は7店舗に
135億円投資）

現社名はパン・パシフィック・インターナショナルHD

ABCマート

新設投資

19年オープン予定の
渋谷神宮前店に
23億4000万円投資予定
（19年4月完成予定。
年間売上高見込額3億円）

を495億円で購入するなどショッピングセンターとして開発、18年9月にオープンしました。

これまで日本一豪華な店舗は、三越伊勢丹HDが運営する三越日本橋本店でしたが、2000億円を突破した高島屋新宿店がその座に就いています。これは新宿店の土地を100%所有にしたためです。土地の簿価が600億円弱からおよそ1700億円になったことで、資産価値が最も高額な百貨店になったのです。

三越伊勢丹HDが運営する店舗は、従業員よりパート人数が上回っているのが特徴です。売上高日本一の伊勢丹新宿本店をはじめ、三越日本橋本店、三越銀座店に限りません。他社とは一線を画して百貨店らしさを追求してきた影響が残っているということでしょうか。三越日本橋本店の店舗運営スタッフに占める従業員比率は4割強。近所の立地でライバル関係にある高島屋日本橋店の従業員比率は6割強です。

三越伊勢丹HDは、経営不振からの脱却を目標に構造改革を実施。収益の拡大を目的に不動産事業にも活路を求める戦略にシフトしましたが、店舗運営スタッフにも変化が出るのか注目したいところです。

地方を中心に毎年のように閉鎖に追い込まれるなど、百貨店業界そのものが消滅の危機を迎えているといっていいだけに、生き残りをかけた投資戦略にも注目が集まります。三越伊勢丹ＨＤは伊勢丹新宿本店の改修に３３０億円を投資する予定です。Ｊ・フロントリテイリングは３８０億円を投じて大丸心斎橋店本館の建替えを実施しています。

ファーストリテイリングは17年9月から18年8月にかけて約８００億円の設備投資を計画していました。バルセロナ店（スペイン）、バンクーバー店（カナダ）など海外ユニクロ事業への投資が中心です。**新規出店は国内ユニクロ30店舗に対して海外ユニクロは１７７店舗**です。

旧ドンキホーテＨＤは４１２億円を投じて、国内23店舗の新規オープンを予定しています。１店舗への平均投資額は１億８０００万円を超えます。スーパーのユニーを子会社にしたことで、投資額が増えるのは必至でしょう。同社は社名をパン・パシフィック・インターナショナルＨＤに変更しました。

シューズ販売のＡＢＣマートが19年5月にオープンを予定している「渋谷神宮前店（仮称）」に投じる資金は23億円。オープン後の販売見込額は年間３億円です。

効率がいい店舗は？――1店舗平均従業員数

ヤマダ電機	16.3人〜16.8人	スシローグローバルHD	2.4人〜2.8人
ファーストリテイリング	14.8人〜15.1人	くらコーポレーション	1.9人（パート27.5人）
ドンキホーテHD	10.0人（大型店18.5人）	日本マクドナルドHD	1.7人〜1.8人
ABCマート	5人（仙台クリスロード店）	サイゼリヤ	1.6人〜1.7人
良品計画	4.1人（パート17.0人）	すかいらーくHD	1.4人（パート12.6人）
ウエルシアHD	4.0人（パート9.8人）	吉野家HD	1.2人（はなまる0.8人）
マツモトキヨシHD	3.7人（パート9.1人）	トリドールHD	0.7人（パート11.6人）
セリア	0.2人（パート6.3人）	サンマルクHD	0.5人（パート7.1人）

（但し書きがない「〜」は2期の平均推移）

●運営スタッフの規模に示される店舗戦略

多店舗展開が不可欠だけに、小売チェーン店や外食各社にとっては、店舗運営の効率化が最重要の経営課題のひとつです。つまり、店舗家賃や人件費などのコストを意識しない経営はあり得ないということです。

店舗の運営を担う従業員やパートの人数には、各チェーンの戦略がハッキリ示されます。主な店舗の1店舗平均従業員・パート数を、有価証券報告書の「設備の状況」から算出し表にまとめました。

最も目につくのは、100円ショップ大手のセリアです。パート主体による店舗運営で、1人の従業員が5店舗を担当している計算になります。

「丸亀製麺」のトリドールＨＤ、「サンマルクカフェ」のサンマルクＨＤも同じ構図。回転寿司のくらコーポレーションは、パート主体の店舗運営で１店舗平均のパート数が30人に迫る大所帯です。

自動車からハンバーガーまで、「研究開発費」に表れる企業努力

●トヨタ自動車の研究開発費は1台12万円弱

有価証券報告書には、開発体制や投資金額の配分を含めて「研究活動の概要」が示されます。新たに取組んでいる材料や製品、新技術などについて具体的な言及もあります。設備の状況と同じように各社が注力している研究開発分野やその動向を知ることができます。

主要企業の年間研究開発費

アマゾン・ドット・コム（米）	2兆4882億円	トヨタ自動車	1兆642億円
アルファベット（米グーグル）	1兆8287億円	ホンダ	7518億円
マイクロソフト（米）	1兆4340億円	日産自動車	4958億円
アップル（米）	1兆2739億円	ソニー	4585億円
フォード・モーター（米）	8800億円	パナソニック	4489億円
フェイスブック（米）	8529億円	デンソー	4473億円
GM（米）	8030億円	日立製作所	3329億円
IBM（米）	6365億円	キヤノン	3300億円
VW（独）	1兆7075億円	NTT	2139億円
サムスン電子（韓）	1兆6805億円	ソフトバンクグループ	1368億円

（1ドル=110円、1ユーロ=130円、1韓国ウォン=0.1円で換算。17年度）

商品サイクルは短くなる一方です。急ピッチで技術革新は進みます。そんな時代において研究開発費は不可欠。とくに技術力や開発力が求められる会社では、**売上高研究開発費率（研究開発費÷売上高×100％）は、将来の収益性を読むうえで欠かせない重要な指標**です。基本的には、新商品や新技術開発への期待が持てることから、比率は高いほうが望ましいといえるでしょう。

有価証券報告書に示されている研究開発費の状況から新規の商品開発が順調に進んでいることが推察できれば、今後の売上の伸びが期待できるかもしれません。

研究開発費は、〝経費〟とか〝販管費〟と呼ぶことが多い「販売費及び一般管理費」に費用として計上するのが基本。原価に計上する場合もあります。したがって、**本業による儲けを示す営業利益を圧縮する要因**になります。

研究開発による果実の実現が不可欠ということです。利益体質になく資本力にも乏しい場合、研究開発費への多額の投資はリスクを背負うことを意味します。

研究開発費の規模でいえば、日本企業ではトヨタ自動車、ホンダ、日産自動車の自動車3社が抜きん出ています。ソニー、パナソニック、日立製作所、キヤノンなども多額の研究開発費を投じています。

三菱電機、スズキ、ＳＵＢＡＲＵ、富士フイルムＨＤ、三菱重工業、富士通、ＮＥＣなどが２０００億円台から１０００億円台。三菱ケミカルＨＤは研究開発人員４８４３名・研究開発費１３８８億円です。東芝は売却した半導体子会社を含めれば約３０００億円でした。

売上高に対する研究開発費の割合で見てみましょう。**トヨタ自動車の研究開発費は売上高の３・６％に相当**しています。売上高のすべてが四輪車の販売によるものだとして、17年度の1台平均販売価格は327・7万円です。そのなかには開発研究費11万8600円が含まれている計算になります。

日産自動車の研究開発費の割合は売上高の4・1％強に相当。トヨタ自動車と同じように全売上高が四輪車によるものだとすれば、1台平均販売価格は276万円で、うち11万4000円が研究開発費でした。

ホンダの売上高に占める研究開発費の割合は4・9％。トヨタ自動車と日産自動車を上回っています。二輪車も含めるため1台平均販売価格は90万円台になってしまいますが、1台平均の研究開発費は4万5000円に相当します。

一方、海外勢ではアマゾン・ドット・コムの2兆円台が目につきます。グーグルの親会社であるアルファベット、マイクロソフト、アップル、VW（独）、韓国のサムスン電子が1兆円台です。

トヨタ自動車は、ライバルのVWに差をつけられていますが、実際はどうでしょうか。自動車部品世界2位のデンソーは4000億円台、同じ自動車部品のアイシン精機は2000億円弱です。デンソーとアイシン精機はトヨタ自動車の関連会社です。

実質的には、**トヨタ自動車は表にある1兆6442億円を超える資金をグループとして**

研究開発に投じていると見ることもできるでしょう。

アマゾン・ドット・コムやグーグル、フェイスブックなどに比べると、NTTとソフトバンクグループの研究開発費は見劣ります。ソフトバンクグループの場合は、研究開発活動を含めて企業の買収を繰り返してきたといえますが、数年前までの研究開発費の計上は約1000億円でした。英国の半導体設計のアームHDを傘下に収めたことで、1000億円台になったという経緯があります。

研究開発費は、製薬会社や製造業だけが計上するわけではありません。メニューや商品開発に取組んでいるとして、日本マクドナルドHD、回転寿司のくらコーポレーション、ラーメン「日高屋」のハイデイ日高、フライドチキンの日本KFCHDなども計上しています。**日本マクドナルドHDの場合、100円のハンバーガーで換算すると、そのうち0・1円が研究開発費に相当**しています。「無印良品」の良品計画は、100円の商品につき0・5円の研究開発費が含まれている計算になります。

●会計の教科書となる武田薬品工業の決算書

「オロナイン」や「ポカリスエット」などを手がけている大塚HDは、抗精神病薬

「エビリファイ」という超大型の医療用医薬品の開発でも知られます。年間売上高が6500億円を超す時期があったほどです。ただし、現在のエビリファイの売上規模はピークの1割水準に落ち込んでいます。新薬としての特許が切れたからです。

大塚HDに限りませんが、製薬会社の生命線は特許切れ医薬品に代わる新薬の開発。つまり、研究開発活動の成果が問われる、ということです。製薬各社にとって研究開発活動の成否は、経営に大きく直結するのです。

ただし、研究開発費では、世界大手と国内各社の格差が目立ちます。たとえば、医療用医薬品に加え医療用機器や「バンドエイド」など一般向け製品も手がけているJ&J（米）や中外製薬を子会社にしているロシュ（スイス）、それにメルク（米）は1兆円を突破しています。

ノバルティス（スイス）、ファイザー（米）、サノフィ（仏）、グラクソ・スミスクライン（英）なども高水準の研究開発費です。

一方、日本企業は武田薬品工業が3000億円台、第一三共とアステラス製薬が2000億円台での推移です。

大塚HDとエーザイが1000億円台で、その他は1000億円を切ります。

主要製薬企業の年間研究開発費

J&J（米）	1兆1609億円	武田薬品工業	3254億円
ロシュ（スイス）	1兆1431億円	第一三共	2360億円
メルク（米）	1兆1006億円	アステラス製薬	2207億円
ノバルティス（スイス）	9869億円	大塚HD	1755億円
ファイザー（米）	8422億円	エーザイ	1172億円
サノフィ（仏）	7113億円	中外製薬	929億円
グラクソ・スミスクライン（英）	6714億円	大日本住友製薬	869億円
アストラゼネカ（英）	6332億円	田辺三菱製薬	790億円
アッヴィ（米）	5480億円	小野薬品工業	688億円
ギリアド・サイエンシズ（米）	4107億円	塩野義製薬	599億円

（1ドル=110円、1ユーロ=130円、1スイスフラン=110円、1ポンド=150円で換算。17年度）

売上高研究開発比率で見れば、日本企業のほうが高めに出ているといっていいでしょう。売上規模が世界大手に比べ小さいことが要因のひとつです。

武田薬品工業は15～17年度は18％台ですが、それ以前は20％を超えていました。

第一三共はコンスタントに20％を突破。アステラス製薬は17％弱での流れです。

バイオ医薬品領域から創薬された新しいタイプの抗がん剤「オプジーボ」については、周知の読者も多いはずです。2018年のノーベル医学生理学賞を受賞した本庶佑京大特別教授の研究成果を応用して開発した薬です。そのオプジーボを開発した小野薬品工業の研究開発費の売上高比率は「31%→30%→27%→23%→26%」です。

金額そのものは1000億円に届きませんが、売上高に占める割合は日本の製薬会社としてはトップ水準。その高い比率がオプジーボの開発に結びついたともいえるでしょう。同社は創薬研究においては、「がん」「免疫疾患」「中枢神経疾患」を重点研究領域に定めて経営資源を集中的に投入する、としています。

今後の注目は、武田薬品工業です。同社は日本企業としては過去最高の7兆円規模（約460億ポンド）のM&A（企業の買収・合併）を実施。アイルランド製薬大手、シャイアーを買収しました。

単純合算で売上高は3兆4000億円、研究開発規模は5000億円を突破。世界10位以内にランクインする医薬品メーカーになる可能性があります。

「がん領域」「消化器系疾患」「神経精神疾患」「ワクチン」を中心に研究開発を進める同社に、シャイアーが強みを持つ希少疾患向けや血液製剤の製品群、それにパイプライン（新薬候補）が加わります。武田薬品工業は、研究開発拠点を神奈川県・湘南と米国ボストンに設置。2極体制を構築しています。国内が中心の他社と異なる点です。そこにシャイアーの研究開発部門も合体し、「研究開発型バイオ医薬品企業のリーディングカンパニーを実現する」といいます。

懸念材料は、過去のM＆Aの成績です。同社はこれまでも海外企業の買収を積極的に進めてきましたが、必ずしも大きな成果に結びついているとはいえないのが現実です。50社以上の企業買収のすべてを成功させている日本電産とは比較しようがありません。買収に多額の資金を投じてきたことから、手持現金も1兆6000億円強から数千億円規模に減ってきました。**借入金でまかなうシャイアーの買収は、まさに社運をかけたM＆Aです。**

武田薬品工業の借金、いわゆる有利子負債が1兆円から大きく膨らむことはいうまでもありません。買収にともなって計上する「のれん」も同様です。一方、同社は買収でキャッシュの創出力を大幅に強化、有利子負債を減額するとしています。コスト削減効果も見込んでいます。

M＆Aの結果も気になりますが、**武田薬品工業の今後の決算書からは、会計的なことについて多くのことが学べる**はずです。

「儲け」の流れを決める意外な企業同士の結びつき

●ユニクロ、ボーイングを支える東レの技術

有価証券報告書では「経営上の重要な契約等」が開示されています。各企業のポイントともなるべき契約状況・内容を読み取ることができます。

たとえば、自動車メーカーのスズキは、マツダ、日産自動車、三菱自動車とそれぞれにOEM（相手先ブランド）供給契約を締結していることを明示しています。

トヨタ自動車は第一汽車（中）、広州汽車（中）とそれぞれに合弁契約などを結んでいることを明記。マツダとは2017年8月に業務資本提携、18年3月には米国において乗用車を共同生産するための会社を設立、としています。

カルロス・ゴーン前会長問題で揺れる日産自動車は、ルノー（仏）、ダイムラー（独）、三菱自動車との資本参加を含む提携契約について記載しています。

油圧ショベルやミニショベル、高所作業車について、クボタ、タダノ、ディア（米）

などとのOEM供給（相互供給を含む）関係を、契約期間を含めて明らかにしているのが、建設機械が主力の日立建機です。

キヤノンがHP（米）にレーザープリンターをOEM供給していることは広く知られています。そのキヤノンは、「技術供与契約」や「相互技術援助契約」についても説明しています。

東芝は17年度の有価証券報告書において「当期中に締結した契約」を明示していきます。過去に例がなかったと思われるほどの分量で、多くのページを割いています。みずほ銀行などとの借入金に対する担保契約はもとより、経営危機の要因となった原発関連の処理や子会社売却に関する契約について詳細に説明しています。厳しい状況に置かれていた同社の動きが、手に取るようにわかります。

日立製作所はIBM（米）との相互技術援助契約、パナソニックは半導体大手のクアルコム（米）からの技術受入契約などを開示しています。

新日鉄住金（日本製鉄に商号変更）が開示しているのは、同業のアルセロール・ミタル（ルクセンブルク）との合弁契約やバローレック（仏）との追加出資に関する契約、ポスコ（韓）との連携深化に関する契約などです。18年2月には、インドの鉄鋼会社の共同買収（入札）に関する契約を、アルセロール・ミタルと結んでいることもわかります。

国内で唯一の金鉱山を運営している住友金属鉱山は、モレンシー銅鉱山（米）など海外における鉱山の共同運営契約を明らかにしています。三菱ケミカルＨＤは旭化成、宇部興産、サウジ基礎産業公社などとの合弁内容や出資比率を開示しています。

東レはファーストリテイリングが運営する「ユニクロ」の大ヒット商品であるヒートテックの共同開発で知られます。その東レは、航空機メーカーのボーイング（米）とは、炭素繊維複合材料の供給で契約を締結。契約期間は２０１５年９月30日から２０２８年12月31日までと長期に及びます。

化学メーカーの東ソーが明らかにしているのは、セメントの全面的な販売を太平洋セメントに委託しているということです。

●日本のマックやディズニーリゾートの米国本部へのロイヤルティは？

「経営上の重要な契約等」には、ライセンス契約に基づくロイヤルティの支払い条件やフランチャイズ（ＦＣ）契約についての記述もあります。もっとも目につく項目のひとつです。

日本マクドナルドHDが本部の米国マクドナルドに支払うロイヤルティは、国内の直営店舗とFC店舗の合計売上高の3%です。かつては、2・5%でしたが、2011年に改められ30年までは3%が続く契約になっています。

93ページの表にあるように、日本のマックの支払いロイヤルティは推定で年間150億円前後。そのほかに株式配当が20億円程度です。

売上高合計が約2兆5000億円の米国マクドナルドにとっては驚くほどの金額ではありません。ただし、営業利益の90%近くはFC店舗によってもたらされています(17年度)。その意味では、日本のマックの役割は小さいとはいえないはずです。

日本マクドナルドHDは、米国本部のフランチャイジーですが、国内では本部（フランチャイザー）の役割を担っています。FC店舗からは保証金のほかにロイヤルティや賃借料、広告宣伝費などを徴収しています。

17年度、**日本マクドナルドHDがFC収入として計上したのは731億円。およそ2000のFC店舗における店頭売上高3096億円の23・6%に相当**しています。

1983年に「東京ディズニーランド」、2001年には「東京ディズニーシー」

を開業したオリエンタルランドは、香港や上海、パリのディズニーランドとは違い、米ウォルト・ディズニーと資本関係はありません。その代わりロイヤルティを支払っています。売上高の7％弱、金額ベースでは年間280億円前後を支払っているようで、原価に計上しています。

アイスクリームチェーンのB－Rサーティワンは、日本マクドナルドHDと同様に米国本部の加盟店であり、国内では本部を担当しています。1200弱の国内店舗の99％はFC店舗。店頭売上高をベースにロイヤルティや広告宣伝分担金などを受取り、米国本部にはやはり売上高の一定率をロイヤルティとして支払っています。

カレーハウス「CoCo壱番屋」の壱番屋や居酒屋チェーンの鳥貴族などは、自らFCビジネスを開拓したフランチャイザーです。壱番屋は客席数に応じて加盟金が異なるほか、「生鮮野菜とビール等を除くすべての使用材料等は本部又は本部の指定する業者より購入しなければなりません」と定めています。

コメダHDが運営している「珈琲所コメダ珈琲店」は、ほとんどがFC加盟店です。17年度の売上高は約260億円。そのうち、ロイヤルティなどを計上していると推定できる「店舗開発収入」は17億円にすぎません。その代わり、FC店舗向けの食材販

主要企業のロイヤルティの概要

		13年度	14年度	15年度	16年度	17年度
マクドナルド(米)	売上高	3兆916億円 3万5429店舗	3兆185億円 3万6258店舗	2兆7954億円 3万6525店舗	2兆7084億円 3万6899店舗	2兆5102億円 3万7247店舗
ロイヤルティ		151億円	133億円	112億円	131億円	147億円
日本マクドナルドHD	全店舗売上高	5044億円 3164店舗	4463億円 3093店舗	3765億円 2956店舗	4384億円 2911店舗	4901億円 2898店舗
ウォルト・ディズニー(米)	売上高	4兆9545億円	5兆3694億円	5兆7711億円	6兆1195億円	6兆650億円
ロイヤルティ		271億円	270億円	272億円	279億円	282億円
オリエンタルランド(単体ベース)	売上高	4025億円	3992億円	3962億円	4065億円	4081億円
バスキン・ロビンス(米)(ダンキン・ブランズ・グループ)	売上高	785億円	823億円	891億円	911億円	946億円
ロイヤルティ		1.9億円	1.8億円	1.8億円	1.9億円	1.9億円
B-Rサーティワンアイスクリーム	会社売上高	205億円	186億円	185億円	197億円	197億円
ロイヤルティ		34.8億円	33.7億円	33.3億円	35.1億円	35.5億円
	FC	1141店舗	1154店舗	1175店舗	1166店舗	1165店舗

(1ドル=110円で換算)

売で稼いでいます。コーヒー豆やパンなどの卸売は180億円と、売上全体の7割弱を占めています。

作業ジャンパーなどワーキングウエアを中心に販売しているワークマンも、FC加盟店向け商品の卸売がメインです。「加盟店は毎日の店舗売上金を当社の預金口座に入金し、当社の他の立替金等とともに貸借関係の計算を通じ、毎月初日から末日までの1か月間の各会計期間ごとにその末日に相殺します」というのが取り決めです。

●大手コンビニ本部の儲けのカラクリ

市場規模の拡大にともないコンビニエンスチェーンの優勝劣敗が鮮明化していいます。FC本部といえども中堅以下の苦戦が目につくようになってきました。とはいえ、FCビジネスの〝王者〟といえば、「セブンイレブン」に代表される大手コンビニ本部であることに異論がないのも事実です。

セブンイレブンの1号店オープンは、マクドナルド初上陸から遅れること3年、1974年のことでした。セブンイレブンを統括するセブン&アイHDはその後、本家本元である米国7-Elevenを完全子会社化。加盟店（エリアフランチャイジー）か

コンビニ本部の儲けのカラクリ

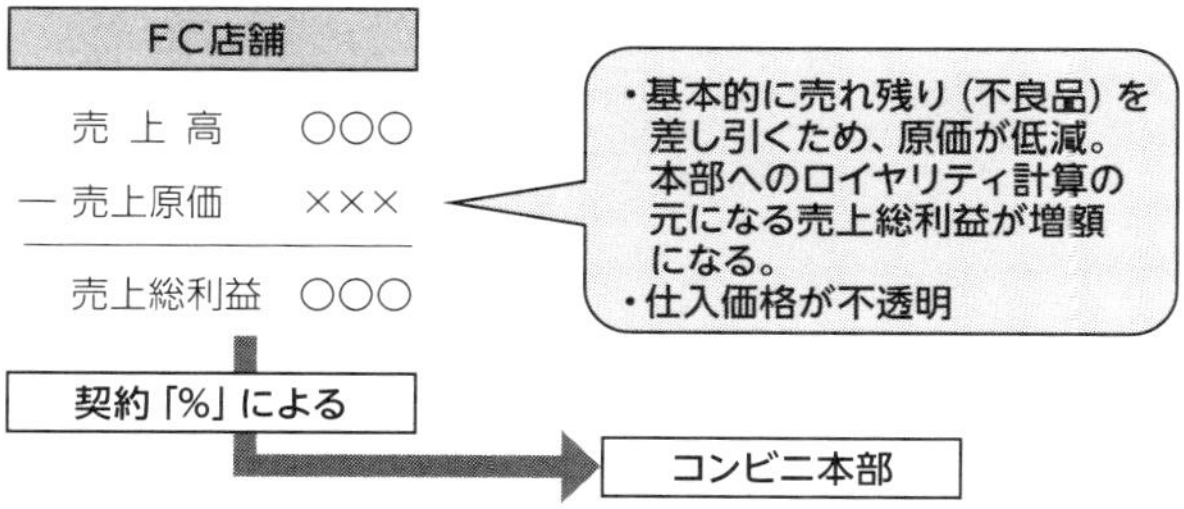

ら本部（フランチャイザー）に昇格したことで、現在では全世界で6万を軽く超す店舗網を構築・運営しています。

　大手コンビニチェーンの本部がなぜ儲かるのか。ロイヤルティの計算に鍵があります。本部がＦＣ店舗から徴収する**ロイヤルティは、売上総利益（粗利益）に対してかかるのが一般的**です。ただし、売上総利益の求め方は通常とは異なります。弁当やおにぎりなどの売れ残りは、売上原価から差し引くのが基本。以前に比べて負担が軽減されたとはいっても、あくまでも売れ残りは店舗側の負担。結果的に「売上総利益」が増え、本部への支払ロイヤルティも増えるという構図です。

　極論すればＦＣ店舗で売れても売れなくても本部の利益は保証されているということ。大手コン

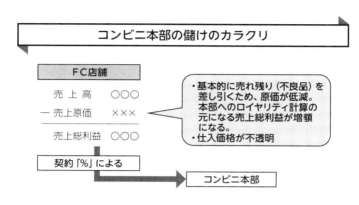

セブン-イレブン・ジャパンの概要

	15年度	16年度	17年度
本部売上高	7936億円	8337億円	8498億円
	本部へ 6804億円 （1店舗1日平均10.3万円）	本部へ 7230億円 （1店舗1日平均10.4万円）	本部へ 7433億円 （1店舗1日平均10.2万円）
	16.2%	16.3%	16.2%
FC加盟店舗数 FC加盟店舗売上高	1万8071店舗 4兆1822億円	1万8977店舗 4兆4090億円	1万9792店舗 4兆5759億円
1店舗1日平均売上高	65.6万円	65.7万円	65.3万円
粗利益率	31.6%	31.8%	31.9%
在庫回転日数	10.5日	10.9日	11.1日

（単体ベース）

ビニ本部が、高収益を実現している構図です。ＦＣ店舗の商品仕入単価設定も、コンビニ本部が主導権を握っています。

セブンイレブンのＦＣ店舗は、売上高の16％強、金額でいえば毎日10万円以上を本部に貢献している計算になります。

セブンイレブンを実際に運営しているセブン－イレブン・ジャパンは、有価証券報告書を提出していません。

一方、ローソンは有価証券報告書で、ＦＣ契約に関する加盟金やロイヤルティを開示しています。売上高はもとより、店舗を本部が用意するか、そ

ローソンの概要

	15年度	16年度	17年度
本部売上高	3338億円	3561億円	3728億円
本部へ	2360億円（1店舗1日平均6.1万円）	2739億円（1店舗1日平均6.2万円）	2820億円（1店舗1日平均6.0万円）
	13.6%	13.7%	13.6%
FC加盟店舗数	1万1684店舗	1万2010店舗	1万2833店舗
FC加盟店舗売上高	1兆9265億円	1兆9865億円	2兆606億円
直営店舗数	196店舗	278店舗	312店舗
直営店売上高	337億円	409億円	497億円
1店舗1日平均売上高	54.0万円	54.0万円	53.6万円
1店舗1日平均客数	826人	819人	804人
平均客単価	604円	608円	616円
粗利益率	31.3%	31.4%	31.3%
在庫回転日数	14.4日	13.8日	14.7日
平均在庫（日）	618.9万円	661.8万円	672.0万円

（単体ベース）

れともFC加盟者が用意するかによっても異なりますが、「総粗利益高」の21～70％が本部への対価です。

ローソンの単体ベースの96～98％はFC店舗です。セブンイレブンやファミリーマートも同様であり、コンビニがFCビジネスであるということを再認識させられます。

そのローソンの国内FC店舗における売上

高合計は、2兆円前後です。17年度は1万2833店舗で2兆606億円でした。一方、ローソンが「加盟店からの収入」として計上している金額は2820億円でした。FC店舗売上高の13・6％相当です。1店舗1日平均でいえば、6万円ほど本部の売上に貢献しているということです。セブンイレブンのFC店舗に比べれば、貢献度は低いといっていいでしょう。

ちなみに、ローソンの会社としての計上売上高は3728億円であり、加盟店からの収入は75・6％を占めています。

ローソンが発表している1店舗1日平均売上高（日販）以下の数値では、1日平均客数が減少傾向を示しているのが気になります。セブンイレブンの店内にATMを設置しているセブン銀行は、ATMの1日1台平均利用件数を明らかにしていますが、やはり減少傾向にあります。コンビニの利用がピークを過ぎたということでしょうか。ローソンの場合は、客数の減少を客単価のアップで補っている形です。

▼PART3

多様化する「稼ぎ」のルートをしっかりと把握する！

無味乾燥な「会社の説明文」こそお宝情報のヤマだ！

●会社情報に隠された「起業」のヒント

キャッシュフロー計算書（CF計算書）、損益計算書（PL）、貸借対照表（BS）という財務3表について精通していなくても、「有価証券報告書」の文章や数値を読むことで企業の動向を把握することができます。主に『企業の概況』『事業の状況』『提出会社の状況』などに関するものです。それらの文章や数値に接するうちに自然に財務3表への理解も深まってくるはずです。

『企業の概況』では「沿革」「事業の内容」「関係会社の状況」「従業員の状況」などを知ることができます。

創業から現在までの企業の流れは「沿革」に記載されています。そこでは海外への進出や他社との提携、企業買収などについても確認できます。「ｕｎｉ」ブランドの**三菱鉛筆が、三菱グループに属していないのに「三菱」の冠をつけ、スリーダイヤモ**

ンドマークを使用しているのは、商標登録が１９０３年と本家の三菱グループよりも早かったから、といったことも知ることができます。

「事業の内容」では、提供している製品や商品、サービスについての説明がなされています。バイオベンチャーなどは研究分野を詳述しています。ビジネスモデルや収益の構造を詳しく解説している企業もあり、**起業のヒントにするのもいい**でしょう。

〝親会社・子会社・関連会社〟の情報は「関係会社の状況」で確認できます。親会社の議決権割合についても知ることができます。

●〝給与〟だけではなく、従業員の平均年齢や平均勤続年数にも注目！

「従業員の状況」では、グループ全体の従業員数や事業別の従業員数、パートやアルバイトの人数についても明示されています。

親会社（単体ベース）の従業員数は減少傾向なのに、グループ全体の従業員数が増えているケースも目につきます。**海外展開の拡大か、本業の不振によるリストラ**などが考えられます。

単体ベースの「年間平均給与」「平均年齢」「平均勤続年数」も開示されます。たとえば、従業員平均年間給与が２９９４万円（平均年令31・5歳）という会社も存在します。他人の財布の中身は気になるところですが、それらの情報からは企業の動向を読むことも可能です。単年度ではなく過去にさかのぼって、**平均給与が上昇傾向を示しているのか、それとも下降傾向なのかを確認し、その要因を探ってみる**のもいいでしょう。従業員が急増していれば、平均額が下がるのが一般的です。**平均勤続年数が短いようなら、早期離職が多い**ことが考えられます。**平均年齢と平均勤続年数が伸びているようなら、従業員の定着率がいい**と読めます。持株会社、いわゆるホールディングス（ＨＤ）会社の場合は、従業員が少なく、平均給与が高く出るのが一般的です。

●業績の良さと開示情報の量は比例する！

「事業等の概要」や「生産、受注及び販売の状況」「経営方針、経営環境及び対処すべき課題等」「事業等リスク」などは『事業の状況』にまとめられています。

企業活動の根幹についての説明で、**業績が順調な企業ほど開示情報が多い傾向にある**といっていいでしょう。業績が低迷していると言い訳気味の文章だったりします。商品別の販売と仕入の内訳なども知ることができます。得意先企業があれば、具体的な企業名が明示されています。

「商品の見直しを行った部門が幾分数値を改善しましたが、まだ始まったばかりです。勝つために何をするか、道は解っています。予算達成を目指して、速やかに体制を整えます。厳しい勝ち残り競争が続いています。当社は改善の余地を沢山残していますが、先ず先ずの成果と存じます。―中略―英知を集めて対応します。競争には絶対勝つ。そのためには失われた利益は、何か工夫して稼ぎだします」といった、決意表明に出合ったりもします。一方では、ゴーイングコンサーン、いわゆる継続企業の前提に重要な疑義を生じさせるような状況の有無も示されます。

「株式等の状況」や「役員の状況」「コーポレート・ガバナンスの状況」などは『提出会社の状況』で確認できます。

大株主の名前を見れば、オーナー系企業かそうでないかがわかります。取締役など役員の情報からは、その企業における出世街道が深読みできたりします。社内取締役など役員に対する報酬も記載されていて、1億円以上の年俸を受け取っている役員は個人名も記載されます。年俸が1億円以下であっても個別金額を示したり、支給している役員年金を明らかにしたりする企業もあるなど、前会長の報酬虚偽記載問題を起こした日産自動車ではありませんが、**「コーポレートガバナンスの状況」は企業の開示姿勢が問われる部分です。**

『経理の状況』に付随する説明部分からは、**ストックオプションや年金情報を知る**ことができます。社員の住宅ローンの債務保証をしていれば、そうした情報を目にすることができます。このように、有価証券報告書から得られる情報は多岐に及びます。

勝ち組企業が必ず保持する「隠れ財産」を見極める!

●トヨタ自動車の「含み益」は2兆円!

企業の隠れた資産ともいうべき「含み益」にも注目すべきです。

トヨタ自動車はＫＤＤＩやＳＵＢＡＲＵ、三菱ＵＦＪフィナンシャル・グループ、ＪＲ東海、住友金属鉱山、マツダなど、グループ企業以外の株式を所有しています。

トヨタ自動車の有価証券の含み益

	17年3月期	18年3月期
売却可能有価証券	9兆3993億円	9兆6278億円
取得原価	7兆2770億円	7兆6841億円
差額	2兆1223億円	1兆9437億円
市場性がない証券	1021億円	1398億円

社債や国債といった公社債なども、購入保有しています。

保有株式の90％強は日本市場の上場株式で、公社債については8割前後が米国・欧州などの海外債券です。

トヨタ自動車はそれらについて、「有価証券」「有価証券及びその他の投資有価証券」として、16年度は9兆5015億円、17年度は9兆7676億円計上しています。規模もそうですが、売却可能な株式や公社債が多いことにも驚きます。全体の99％が売却可能であり、18年度に入っては、**いすゞ自動車の株式5000万株を約800億円で売却**しています。

さらに驚くのは、株式や公社債などの取得原価との差額です。いわゆる「含み益」であり、その額は2兆円前後です。売上高が2兆円に達する企業ですら数えるほどなのに、有価証券の含み益が2兆円というのですから、ケタちがいのレベルです。

世界的な著名投資家であるウォーレン・バフェット氏が率いるバークシャー・ハサウェイは、アメリカン・エキスプレス、アップル、バンク・オブ・アメリカ、デルタ航空、コカ・コーラなどの株式を所有しています。その価値は約18兆7500億円で、取得原価は8兆2000億円であることを米国版の有価証券報告書ともいうべき「10−K」報告書で開示しています。含み益は約10兆5000億円です（17年度）。

トヨタ自動車はさすがに、バークシャー・ハサウェイには及びませんが、日本企業としては頭抜けた存在です。〝リッチ企業〟として知られる任天堂の株式や公社債などの含み益は200億円台、キヤノンは100億〜200億円台での推移です。

●有価証券は時価、土地は取得原価で計上

バランスシートには、有価証券は取得原価（簿価）ではなく、時価で計上しています。したがって、取得原価は財務諸表の説明書きで確認することになります。

一方、土地については原則、簿価で計上します。

ただし、土地を売却したときは時価で評価して決算書に反映させます。販売不振など著しく土地の資産価値が下がった場合には、減損額を控除するという「減損会計」（186ページ）を適用します。

財務諸表の説明書きに、「賃貸等不動産」「賃貸等不動産として使用される部分を含む不動産」については、決算日における時価が明示されます。

●知られざる土地長者はこの会社！

109ページの表で、住友不動産、三菱地所、三井不動産がバランスシートに計上している土地資産の推移を示しました。

会社としての売上高は三井不動産、三菱地所、住友不動産の順ですから、保有する土地資産の状況は逆転していることになります。**住友不動産の積極的な不動産取得が目立ちます。**

所有する土地では、住友不動産は東京・六本木の「泉ガーデン」と「六本木グランド」で約2200億円、「新宿住友ビル」の1200億円が目立ちます。

三菱地所は、いずれも東京の「大手町パークビル」が2390億円、「山王パークタワー」が1322億円、「大手門タワー」が1030億円です。同社を代表する「丸ビル」と「新丸ビル」は、最近の取得でないことから簿価が低く出ているようです。それぞれの土地価額は732億円、978億円です。

三井不動産は開発を進めている東京・日本橋地区の土地価額が、合計で2400億円を超えます。他に「新宿三井ビルディング」1866億円、「東京ミッドタウン」1481億円、「東京ミッドタウン日比谷」1213億円などです。

そのほかの大手不動産会社では、東急不動産HDが所有する土地価額は約8000億円、野村不動産HDは約6000億円です。

一方、**JR東海やJR東日本、日本郵政、NTTも土地長者です**。いずれも、国が事実上運営していた会社であり、各社が所有する土地は国民のものともいえます。NTTの不動産事業子会社であるNTT都市開発は、米国や英国でも事業展開。JR東海とJR東日本も不動産事業を拡大。日本郵政も不動産事業に注力する方針を明らかにしています。

ただし、JR東海やJR東日本が所有する土地の大部分は線路や停車場、変電所などの用地です。不動産向けは、JR東海は全体の2%、JR東日本は16%程度です。

土地持ち企業は？

■不動産大手３社の土地資産の推移

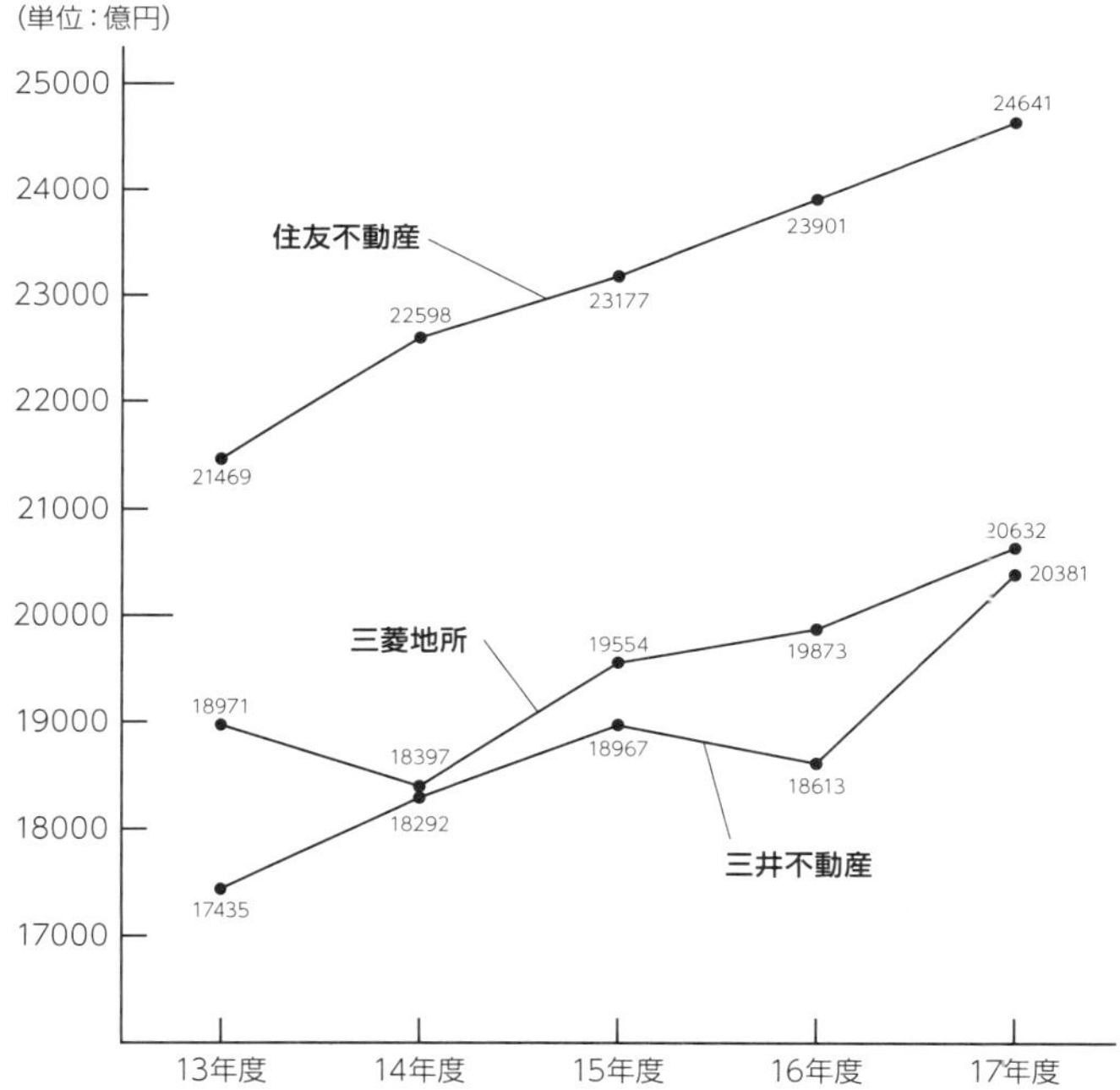

■主要企業の土地資産

JR東海	2兆3545億円	トヨタ自動車	1兆4046億円
JR東日本	2兆0207億円	新日鉄住金	6531億円
日本郵政	1兆5440億円	イオン	8283億円
NTT	1兆3079億円	セブン&アイHD	7251億円

(17年度)

●野村不動産HDと同レベルの土地資産を持つ重工業メーカー

所有する不動産のなかでも「賃貸等不動産」と「賃貸等不動産として使用される部分を含む不動産」については、有価証券報告書で時価を明らかにしています。**薄価との差額が「含み益」**です。

三菱地所は3兆円規模、三井不動産と住友不動産は2兆円台です。**JR東日本の土地の含み益も、およそ1兆3000億円**です。

ショッピングモールを展開しているイオンモールの土地の含み益は、2000億円前後。同社の親会社イオンとはライバル関係にあるセブン&アイHDは、土地の含み益は開示していません。賃貸等不動産に関しては、イオンに軍配が上がるということでしょう。

東京五輪のための開発が進む東京・豊洲地区に本社を構えるIHIの土地の含み益は1719億円です。

同社は造船工場跡地の再開発を進めてきました。現在は分譲マンションや賃貸オフィスを展開。同社の土地の含み益は、野村不動産HD（1800億円規模）や東急不動産HD（1500億円規模）に並びます。

不動産の含み益が多い会社は？

会社	16年度 簿価	16年度 時価	16年度 含み益	17年度 簿価	17年度 時価	17年度 含み益
三菱地所	38284	67919	29635	39605	73834	34228
三井不動産	26450	48284	21833	29607	54361	24754
住友不動産	31451	51416	19964	33502	56784	23281
ＪＲ東日本	6224	19254	13030	6484	20130	13646
ＮＴＴ	10084	19717	9633	10431	21187	10756
イオンモール	7518	9390	1871	8660	10714	2054
ＩＨＩ	973	2548	1575	970	2690	1719
商船三井	3045	4587	1541	2996	4710	1714
飯野海運	768	1631	862	792	1726	933

(単位：億円。億円以下の単位で計算しているため「時価－簿価」と含み益は必ずしも一致しない)

海運業を主力とする商船三井と飯野海運も不動産事業を展開しており、所有する賃貸等不動産で含み益があることを明示しています。上場不動産会社のダイビルは、商船三井の子会社です。

●ソフトバンクグループの資産と負債の実態――アリババ株の含み益は？

左表は、ソフトバンクグループ、NTT、KDDIのバランスシートを示したものです。通信会社というより投資会社になったソフトバンクグループの資産合計は31兆円を超えました。NTTの1・4倍強、KDDIとの比較では4・7倍です。

ソフトバンクグループについては〝借金が多すぎる〟という指摘をされることがあります。確かに、**金融機関からの借入金や社債の償還など利子をつけて返済しなければならない有利子負債は、およそ17兆円。利息の年間支払額は5000億円台**です。

ただし、流動負債はほぼ流動資産と同水準。本来ならNTTやKDDIのように、流動資産が流動負債を上回るのが望ましいですが、ただちに問題になるレベルではないようです。もちろん、流動資産の中身や推移に注目しておく必要があることは、いうまでもありません。

ソフトバンクグループ、NTT、KDDIのBS

ソフトバンクグループ

2018年3月期　BS

流動資産 6兆8748億円	**流動負債** 6兆7287億円 (うち有利子負債3兆2174億円)
固定資産 24兆3056億円	**固定負債** 18兆1787億円 (うち有利子負債13兆8247億円) (合計有利子負債17兆421億円)
	純資産 6兆2730億円
資産合計 31兆1804億円	**負債・純資産合計** 31兆1804億円

有利子負債　17兆421億円
株式含み益　16兆2000億円
(19年1月11日)

NTT

2018年3月期　BS

流動資産 5兆3675億円	**流動負債** 4兆2390億円
固定資産 16兆3082億円	**固定負債** 5兆4042億円
	純資産 12兆325億円
資産合計 21兆6757億円	**負債・純資産合計** 21兆6757億円

KDDI

2018年3月期　BS

流動資産 2兆1512億円	**流動負債** 1兆4378億円
固定資産 4兆4233億円	**固定負債** 1兆55億円
	純資産 4兆1312億円
資産合計 6兆5745億円	**負債・純資産合計** 6兆5745億円

ソフトバンクグループの有利子負債は17兆4421億円。うち4兆円超は米携帯電話子会社のスプリントに関するものです。そのスプリントは同業のTモバイルと経営統合する予定です。統合後は子会社から関連会社に移行するため、ソフトバンクグループはスプリントの有利子負債については圧縮することができます。圧縮想定規模は3兆円台です。

ソフトバンクグループの固定資産には、買収した英国半導体設計メーカーのアームHDの2兆9000億円弱など、合計では4兆円超の「のれん」が計上されています。国際会計基準を採用しているソフトバンクグループの場合、日本基準とは異なり、年々資産価値を下げていく「のれんの償却」は実施しません。ただし、買収した企業の業績が予想よりも低迷したり、損失を出した場合は、減損損失を計上することになります。

東芝が買収していた米国の原発メーカーのウェスティングハウスに関して、およそ1兆円の減損損失を計上したことで、経営破綻寸前まで追い込まれたことは記憶に新しいところです。東芝が採用している米国基準も、国際基準と同じようにのれんの償却はしません。

スプリントの有利子負債負担が軽くなるソフトバンクグループはその一方で、のれんの減損損失によって最大で4兆円規模の利益が吹き飛ぶ可能性がゼロではないということです。

ソフトバンクグループの財務の実態については、もうひとつ確認しておきたい重要なポイントがあります。**所有株式の「含み益」「含み損」です。取得原価と時価の差額で、時価が取得原価を上回れば含み益、その逆は含み損**です。

ソフトバンクグループのホームページには、「保有株式株価情報」というページがあります。子会社のヤフーやソフトバンク・テクノロジー、アイティメディア、関連会社のアリババ・グループHDやレンレンの株式情報を掲載。それら株式について「時価総額」と「含み益」を示しています。通信子会社のソフトバンクも加わりました。自社ホームページでこうした情報を提供しているのは、ソフトバンクグループだけでしょう。

刻々と変化する株価によって時価総額と含み益は変化しますが、**時価総額は約21兆円、含み益は17・5兆円強**です。とくに、アリババの含み益は、14兆円弱です（いずれも2019年2月15日現在）。

49ページの持分法投資損益でも触れましたが、アリババは毎期、ソフトバンクグループに対して4000億円ほどの利益貢献をしています。それに加えて、巨額の含み益をもたらしているのです。〝優れた投資判断〟というしかありません。

いずれにしても、ヤフーやアスクルなどの子会社やアリババなど所有する株式を売却してキャッシュ化すれば、有利子負債の全額を一括で返済できることも可能であると見ていいでしょう。子会社のソフトバンクの上場では、保有株の売出しで約2・3兆円を新たに調達しています。

業績の命脈を握る、おさえておきたい得意先関係

●わらべや日洋HDとセブンイレブンの〝特殊な関係〟

有価証券報告書には、得意先企業の情報も記載されています。全体売上高の10%を占めるようなら、相手先企業名を開示します。**得意先の業績が好調に転じたことで取**

引額が伸びた企業が実際に存在しているように、どの企業がどこを得意先としているのか、おさえておきたいポイントです。

セブン-イレブン・ジャパンが運営しているコンビニ、セブンイレブンを得意先としている企業は数多く存在します。フランチャイズ（ＦＣ）加盟を含めた国内２万超の店頭売上高が５兆円に迫る（17年度は４兆６７８０億円）だけに、当然といえば当然のことでしょう。

そのセブン-イレブン・ジャパンの親会社であるセブン＆アイＨＤは、国内に限らず**世界中のセブンイレブンの店頭売上高を含めたチェーン全店売上高も明らかにしています。17年度でいえば、11兆４８２億円**でした。

この数値の発表は、あることをきっかけにしています。セブン＆アイＨＤは、現在のそごう・西武を子会社化するなどして、06年度に売上高でイオンを上回り、10年度までは流通業売上高トップを維持していました。しかし、11年度にイオンに逆転されます。イオンに流通業売上高トップの座を譲り渡したセブン＆アイＨＤは、それ以降ある数値を明らかにするようになりました。それが前述した全世界のチェーン売上高です。小売業トップの座を競うライバル意識が、それだけ強いということです。

会社としての実際の売上計上額は、セブン&アイHDは6兆378億円、イオンは8兆3900億円（17年度）です。国内小売業売上高トップはイオンであり、差を広げているといっていいでしょう。ただし、各種利益はセブン&アイHDが上回っています。**売上規模ではイオン、利益率ではセブン&アイHD、というのが現在の評価。**

そのセブン&アイHDの利益を支えているのが、コンビニのセブンイレブンです。

セブンイレブンは19年に沖縄に進出することで全国出店を実現しますが、同じ米国発の日本マクドナルドHDに比べれば時間を要しています。マックの1号店オープンは1971年。セブンイレブンより3年ほど先行していたとはいえ、山形県に出店し全国制覇を実現したのは90年。セブンイレブンは、およそ30年遅れていることになります。

セブンイレブンが全都道府県出店に時間を要しているのは、弁当やおにぎり、サンドイッチ、そう菜などを配給してくれる工場の建設を待って、集中出店する戦略を採用しているからです。

食品製造工場そのものは、セブンイレブンの保有ではありません。日本ハムやハウス食品グループ本社など、大手を含めて食品メーカーに製造を委託しています。

セブン-イレブン・ジャパンを得意先としている主な企業

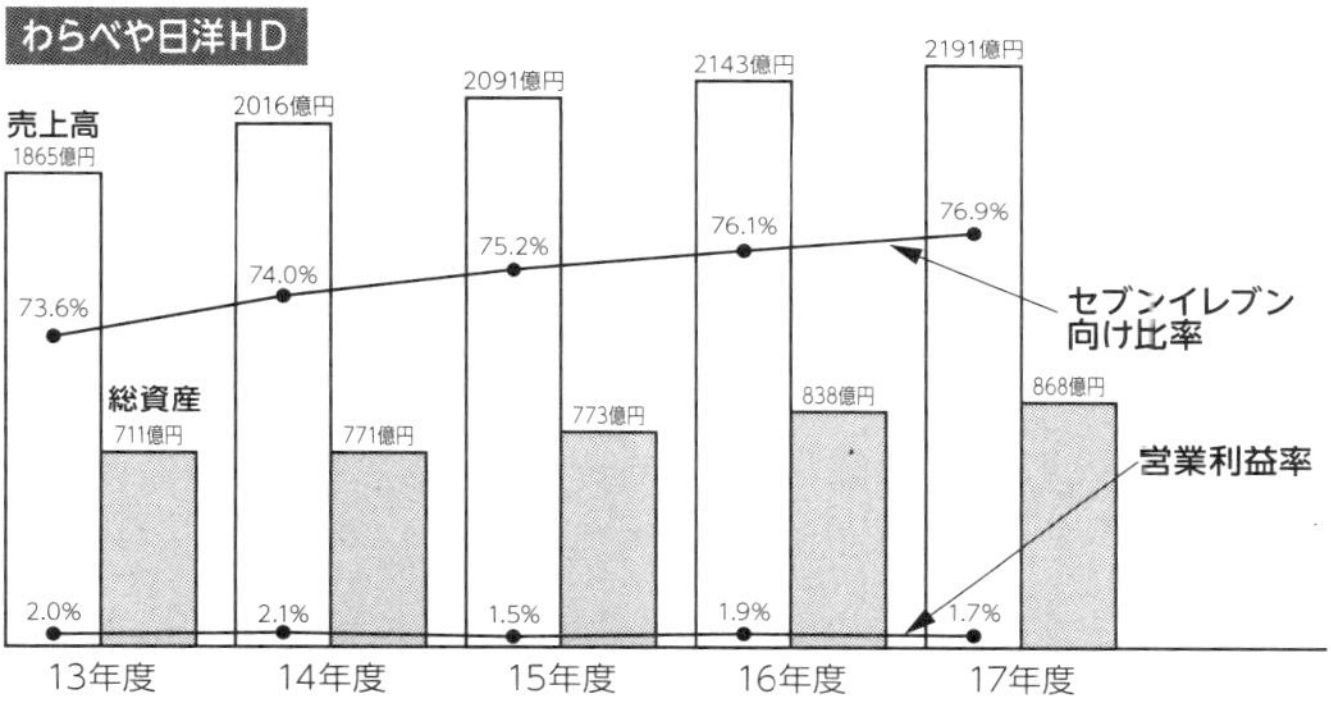

伊藤忠食品（食品・飲料卸）

16年度	708億円（11.2%）
17年度	692億円（10.5%）

トーハン（書籍・雑誌取次ぎ）

16年度	657億円（13.8%）
17年度	565億円（12.7%）

ピックルスコーポレーション（漬物製造・販売）

16年度	44.0億円（12.3%）
17年度	47.2億円（12.6%）

（「%」は全体売上高に占めるセブンイレブン向け割合）

その1社が、わらべや日洋HDです。1978年にセブンイレブンとの取引をスタート。近年では香川県や岩手県などに工場を新設するなどして、セブンイレブンの出店を支えてきた代表的な企業です。自前の食品製造工場を持たないセブンイレブンは、わらべや日洋HDの工場新設を待って、出店してきたといっていいでしょう。

　同社は米国ハワイ州の工場で現地のセブンイレブン

に弁当やそう菜を35年以上にわたって供給しており、2020年にはハワイの新工場を稼働させる予定です。米国テキサス州のセブンイレブンにサンドイッチなどを供給している日系企業を子会社化し、米国本土での本格展開も視野に入れています。

わらべや日洋HDの売上高のおよそ75%がセブンイレブン向けです。セブンイレブンに食品を供給する工場を建設してきたことで、総資産も年々膨らんでいます。営業**利益率は低水準にとどまっていますが、セブンイレブン向けのビジネスの継続が期待できることから許容範囲**なのでしょう。商品売買取引の契約を結んでおり、〝1年ごとの自動更新〟が基本です。セブン&アイHDからの出資はありますが、子会社でも関連会社でもありません。あまり例を見ない〝特殊な関係〟です。

アルコール飲料の取扱いが多い伊藤忠食品、書籍・雑誌取次ぎのトーハン、漬け物の製造・販売のピックルスコーポレーションもセブンイレブンを得意先としています。

伊藤忠食品の親会社である伊藤忠商事は、ファミリーマートなどで結成されているユニー・ファミリーマートHDを傘下に収め、子会社化しているという関係です。

10年前は約900億円あったトーハンのセブンイレブン向け販売は年々減少していています。コンビニでも書籍や雑誌が売れなくなっている厳しい現実を示しています。

食品関連企業の得意先

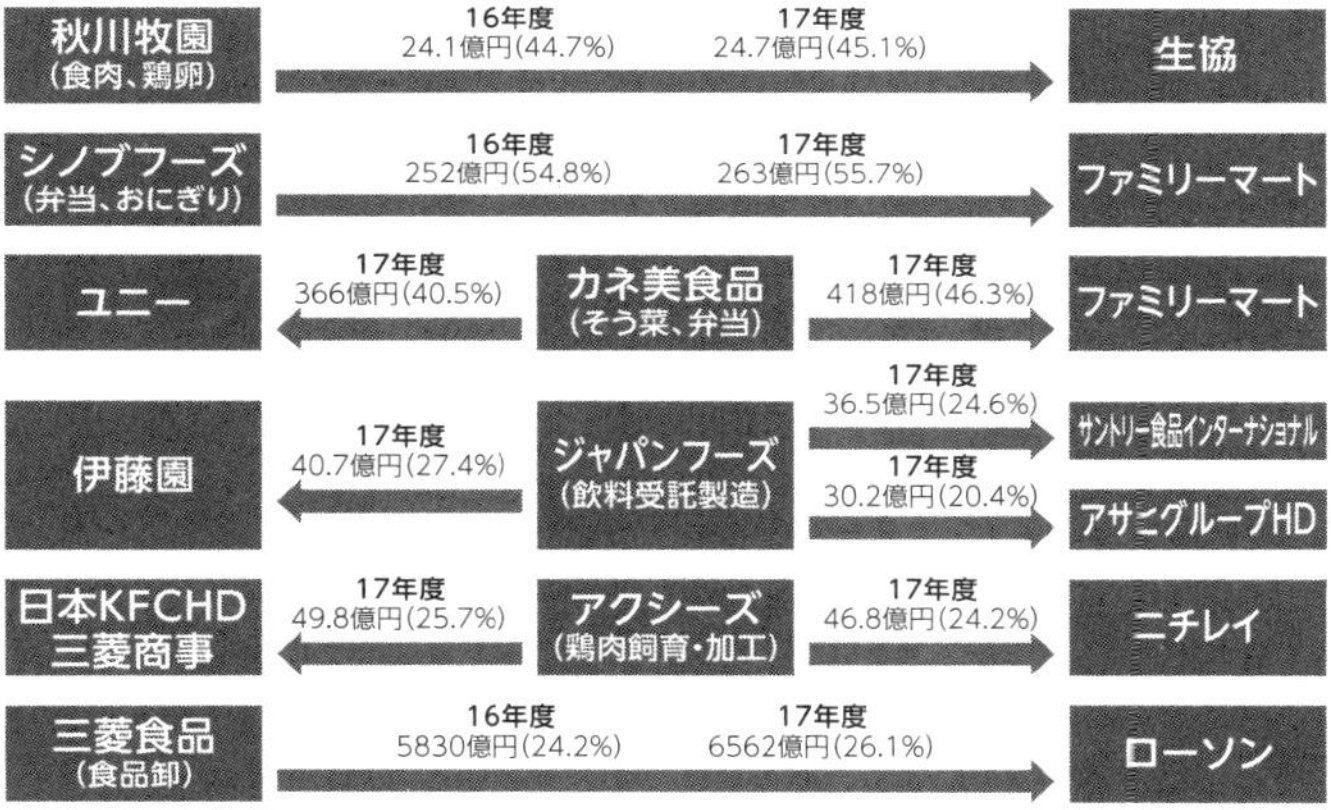

カネ美食品はユニー・ファミリーマートＨＤの子会社であることから、グループ会社のコンビニ、ファミリーマートを得意先としているのは当然の流れです。

一方、シノブフーズもファミリーマートを得意先としていますが、有価証券報告書では資本関係が確認できません。同社の営業利益率も、わらべや日洋ＨＤと同じように低率での推移です。コンビニ向けの弁当やおにぎり、調理パンなどを手がけている企業の利益率が今後も低いままなのか、注目しておきたい点です。

ジャパンフーズは飲料の受託製造が主力業務です。伊藤園、サントリー食品インターナショナル、アサヒグループHDの3社向けで、売上高の70％以上を占めています。食肉、食品加工、鶏卵などの生産販売を手がけている秋川牧園が得意先としているのは、生活協同組合連合会グリーンコープ連合などの生協です。

鶏肉飼育・加工のアクシーズは、ニチレイ、それに三菱商事の子会社を得意先にしています。

フライドチキン販売の日本ＫＦＣＨＤは三菱商事の関連会社であり、アクシーズの鶏肉などが三菱商事を経由して納品されているはずです。

コンビニのローソン、それにローソンを得意先としている三菱食品は、三菱商事の子会社という関係です。

●住友金属鉱山が気にするパナソニックとテスラの動向

米国の電気自動車（ＥＶ）メーカー、**テスラの動向が気がかりな日本企業の代表はパナソニック**です。大型の電池製造工場（米ネバダ州）を共同で運営しているからです。パナソニックに二次電池用正極材料のニッケル酸リチウムを供給している住友金属鉱山も同様です。

住友金属鉱山はフィリピンなどでニッケル鉱山の開発・製錬から加工まで手がけています。パナソニックに対する売上高は、15年度548億円（全体の6・4％）、16年度800億円（同10・2％）、17年度1269億円（同13・6％）と拡大での推移です。テスラとパナソニックの共同事業の動向が気にならないはずはありません。テスラが目標として掲げる年間50万台の生産体制の早期実現を期待したいところでしょう。

コネクタやスイッチを中心とする電子部品を手がけているホシデンは、韓国のサムスン電子、それにゲーム機器の任天堂を得意先としています。とくに、任天堂向けの比率が高いことで知られています。任天堂の経営成績が低迷していたことで、ホシデンの任天堂に対する売上高も下降傾向を示していましたが、17年度は16年度比で3・5倍増の1902億円でした。全体売上高に対する比率も63・5％まで上昇。近年では最高額だった12年度の1455億円（63・1％）を上回りました。

ホシデンと同業のイビデンは、半導体世界大手のインテルを得意先としています。インテル向けが全体売上高の3割を占めていた時期もありましたが、このところは2割前後での推移です。

得意先といえば、トヨタ自動車やホンダなどの完成車メーカーと、自動車部品を手がける企業の関係が真っ先に思い浮かびます。〝ケイレツ〟という日本語が世界でも通じるほどです。その代表はトヨタ自動車とデンソーで、取引額は1兆円を超えます。

ケイレツ以外で、**取引額が多いのはキヤノンとＨＰ（米）**です。キヤノンはレーザープリンターを相手先ブランド、いわゆるＯＥＭ供給をしています。その金額は、年間で５０００億～６０００億円台。キヤノンが有価証券報告書で、「ＨＰとのビジネスは重要であり、ＨＰが政策、ビジネス、経営成績の変化により、当社との関係を制限または縮小する決定を為す場合、当社のビジネスに悪影響を及ぼす可能性があります」としているのも当然のことでしょう。

ゼロは自動車の輸送を主力としており、得意先は日産自動車です。

ワールドＨＤは人材派遣や業務請負を主力としており、アマゾンの日本法人、アマゾンジャパンの物流センターへの派遣が多くなったようです。17年度に売上高の10%を突破したことで、前年度も含めてはじめて取引額が開示されるようになりました。

主な得意先関連と売上の推移

	16年度	17年度	
住友金属鉱山（電池材料）	800億円（10.2%）	1269億円（13.6%）	パナソニック
ホシデン（電子部品）	534億円（35.6%）	1902億円（63.5%）	任天堂
メガチップス（ゲーム機向けLSI）	242億円（36.0%）	421億円（47.3%）	任天堂
イビデン（ICパッケージ）	525億円（19.7%）	570億円（19.0%）	インテル
日本一ソフトウェア（ゲームソフト）	8.9億円（26.3%）	4.9億円（10.5%）	ソニー
タカキタ（農業機械）	17.0億円（24.8%）	17.9億円（24.3%）	クボタ
ゼロ（陸運）	198億円（25.0%）	198億円（24.3%）	日産自動車
ワールドHD（人材派遣）	77.5億円（8.2%）	131億円（10.3%）	アマゾンジャパン
キヤノン（レーザープリンター）	5027億円（14.8%）	5329億円（13.1%）	HP（米）
ジャパンディスプレイ（中小型ディスプレイ）	4758億円（53.8%）	3938億円（54.9%）	アップル（米）
デンソー（自動車部品）	1兆1141億円（24.6%）	1兆2042億円（23.6%）	トヨタ自動車
アイシン精機（自動車部品）	1兆1004億円（30.9%）	1兆1532億円（29.5%）	トヨタ自動車
テイ・エステック（自動車部品）	2845億円（66.8%）	3296億円（68.7%）	ホンダ

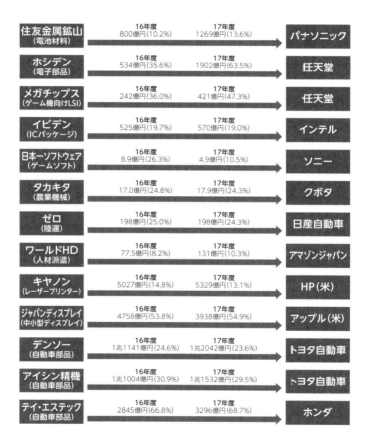

「セグメント情報」で事業の内訳や海外進出の進捗状況が丸わかり！

●「目」から「お肌」の事業に様変わりしたロート製薬

「Vロート」シリーズで知られるロート製薬は今や、目薬などアイケア関連商品だけの会社ではありません。「オバジ」ブランドなどのスキンケア関連商品の製造販売を主力業務にしています。17年度は**グループ売上高1717億円の65％がスキンケア関連**でした。中国やベトナム、インドネシア、米国、英国、ポーランドなどでも事業を展開しており、**海外売上高比率は40％に迫っています。**

ロート製薬のこうした情報は、有価証券報告書の「セグメント情報」に詳細されています。

事業の種類別や地域・国別といったように、一定の切り口で示した財務情報をセグメント情報といいます。**どの事業の売上高が多く、稼いでいる事業は何か、といった企業情報の宝庫**です。海外進出割合や進出地域も示されます。注力しようとしている事業を深読みしたり、海外事業の展開を知ったりするうえで欠かせない情報です。

●東急の鉄道、バスの売上割合は2割にも満たない！

東京急行電鉄は、２０１９年9月に不動産事業などを中心とする事業持株会社に移行するとともに、鉄道事業を分離する方針を明らかにしています。

鉄道関連企業としては、近鉄グループＨＤや阪急阪神ＨＤ、西武ＨＤなどが持株会社に移行し、鉄道事業会社を分離しています。ただし、近鉄グループＨＤや阪急阪神ＨＤなどはグループ経営の統括が主要業務であり、事業そのものを手がけているわけではありません。その点が、東京急行電鉄は大きく異なります。

東京急行電鉄のセグメント情報を見ると、**鉄道やバスなどの交通事業は、グループ全体の営業利益の３割強を稼いでいますが、売上割合は全体の2割を切っています。**鉄道の旅客運輸収入に限れば、全体売上高の12％にすぎません。「鉄道営業キロ」も他社に比べれば短く、１００キロを上回る程度です。

一方、不動産事業の利益は交通事業を上回っています。タイやベトナムなどでも住宅事業や都市開発事業をスタートさせているように、海外事業の拡大も視野に入れています。本体に不動産事業を残すことから、不動産事業を中心とする企業にシフトするのは明らかです。鉄道事業子会社として東京急行電鉄の名称は残っても、グループ全体の商号も変更になるのでしょう。同社は東急不動産ＨＤを関連会社にしており、その関係も含めて動向に注目したいところです。

株式を上場しているＪＲ各社の中では、**ＪＲ九州も鉄道以外の事業割合が高い**会社です。バス事業や韓国と結ぶ高速船事業などを含めた運輸事業でも全体売上高の５割を切り、鉄道事業に限れば４割を下回ります。

ＪＲ東日本は、17年度にセグメント再編を実施。「不動産ホテル事業」を新設しています。

鉄道会社らしい鉄道会社といえばＪＲ東海でしょう。「東京―名古屋２８５・６km（うちトンネルが約86％）」のリニア新幹線の完成に向けて動き出しています。総工事費は５兆５２３５億円、大阪まで延伸すれば約９兆円です。

ＪＲ東日本など他のＪＲ各社に比べ在来線の負担が軽く、新幹線中心の効率経営ができていることで進んできた計画です。国からの借入金３兆円を受け入れていますが返済義務をともなうもので、基本的には自主財源です。

●人口減少という〝多死化〟時代の生き残り戦略

企業の動向で最も気になることのひとつが海外展開です。

スーパーや外食チェーンなどでいえば、**月に１万円、年間で12万円の買物や飲食をしてくれる常連客が10人いなくなれば１２０万円、１００人なら１２００万円の売上高が何もしなくても消え去る**ことになります。人口減少という〝多死化〟時代に突入しているわが国の厳しい現実です。

「ユニクロ」のファーストリテイリングや「無印良品」の良品計画、セブン＆アイＨＤ、イオンなどの各社が海外展開を急いでいるのは当然のことなのです。

海外売上高比率はファーストリテイリングがほぼ50％、良品計画とセブン＆アイＨＤが30％台、イオンは10％です。

自動車関連企業を中心にメーカーともなれば、さらに海外進出が進んでいます。タイヤメーカーの**ブリヂストンの海外売上高比率は80％を超えます。**

巨大な製造設備を必要とする装置産業であることから海外進出に制約がある新日鉄住金や王子製紙ＨＤにしても、売上高海外比率は30％を超すまでになっています。

自動車メーカーのスズキは、日本よりインドでの売上高が多かったり、化粧品メーカーのマンダムのインドネシアにおける売上高がグループ全体の20％超を占めていたりするといった情報は、有価証券報告書のセグメント情報に開示されています。

●海外M&Aの勝ち組と負け組

海外事業の拡大のためには、国際的なＭ＆Ａ（企業の買収・合併）を手がけるのも選択肢のひとつです。その**M&Aの巧拙がはっきり出ているのが、日本たばこ産業（JT）とビール会社**です。

２００７年、ＪＴは2兆２５００億円を投じ、英国タバコ会社ギャラハーを買収しました。それを大きなきっかけとしてＪＴは、飛躍的に海外事業を拡大します。ギャラハー買収前の２００６年３月期の海外売上高比率は20・２％。海外たばこ事業従事者は１万１９４３人で、国内の１万１７９５人とほぼ同数でした。

それから10余年。**17年度の海外売上高比率は60％強までアップ。国際たばこ事業従事者はおよそ3・3倍増の3万9281人になり、国内たばこ事業従事者1万291人を大きく上回っています。**

工場などの価値を示す有形固定資産やのれんなど、非流動資産３兆１３２６億円に

飲料食品関連企業とJTの海外売上高比率

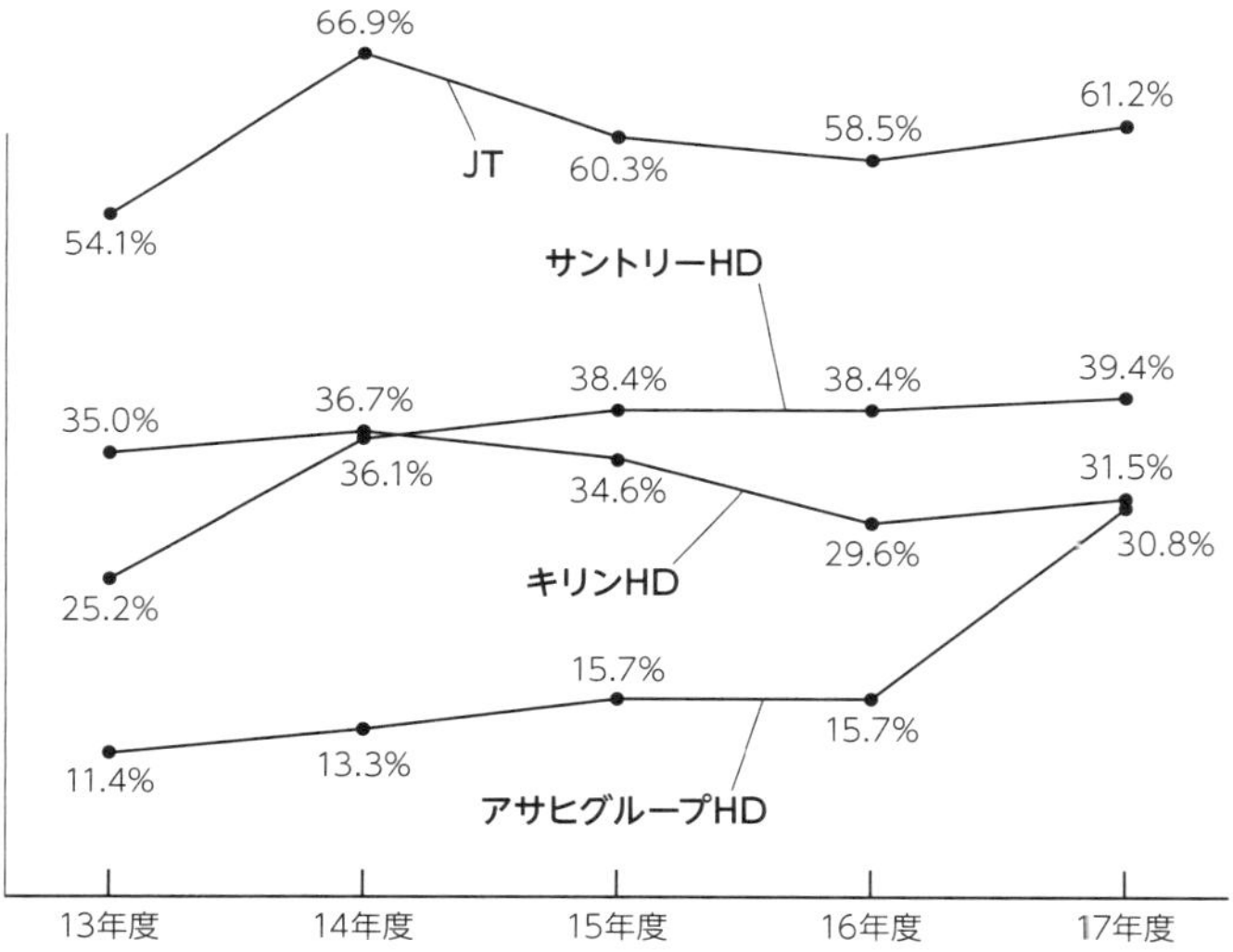

	16年度	17年度
キッコーマン	56.1%	58.2%
味の素	54.0%	56.0%
不二製油グループ本社	38.9%	42.5%
ヤクルト本社	39.3%	42.3%
日本水産	29.7%	31.5%
日清食品HD	22.3%	23.8%

	16年度	17年度
日清オイリオグループ	21.0%	21.1%
カゴメ	20.9%	20.3%
東洋水産	19.2%	18.9%
サッポロHD	16.0%	16.7%
マルハニチロ	15.6%	16.6%
日本ハム	6.3%	8.9%

おける海外比率は70％を超えています。**ＪＴの国際化は、日本企業ではトップレベル。国内人口の減少と喫煙率の低下を見越して海外事業を拡大してきた戦略が、現在までのところ成功している**、といっていいでしょう。

サントリーＨＤも海外売上高比率を40％近くまで上昇させてきました。１・６兆円を投じてバーボンの米ビームを買収。仏企業などの買収も手がけています。

海外売上高比率を急上昇させたのがアサヒグループＨＤです。ビール世界トップのアンハイザー・ブッシュ・インベブ（ベルギー）が英国ビール会社を買収する際に手離した西欧・東欧の一部事業を取得したためです。16年に２９７０億円、17年には８９９０億円と、合計でおよそ1兆２０００億円の買物でした。

ＪＴ、サントリーＨＤ、アサヒグループＨＤが〝Ｍ＆Ａ巧者〟だとすれば、海外Ｍ＆Ａに失敗したのがキリンＨＤです。

豪州やブラジル、フィリピン、ミャンマーなどでＭ＆Ａに投じた資金は1兆円を軽く上回ります。

しかし、ミャンマーを除く海外Ｍ＆Ａは成功とはいえません。とくに約３０００億円を投じたブラジル企業へのＭ＆Ａが結果的に失敗。撤退を余儀なくされました。

ＪＴやビール各社以外では、**しょう油のキッコーマンと味の素が積極的に海外事業を推進。海外売上高比率は60％に迫ります。**

米州、欧州、中国、ブラジルなどでチョコレート用油脂や製菓・製パン用素材などを販売している不二製油グループ本社も、売上高の４割以上が海外です。世界で〝ヤクルトレディ〟による販売を手がけているヤクルト本社、南米で養殖事業などを展開している日本水産も海外売上高比率が高い会社です。**ラーメンを世界食にした「カップラーメン」の日清食品ＨＤも、売上高のおよそ４分の１は海外**です。

食品飲料世界最大手のネスレ（スイス）は、欧州・中東・北アフリカで１・８兆円、米州・アジア・オセアニアなどで５兆円と、世界中で販売しています。米ペプシコの海外売上高は70％台から80％台での推移です。日本企業もこれまで以上に伸ばす余地があるということでしょう。

もちろん、売上高に利益がともなわなければなりません。アサヒグループＨＤは、買収効果をすぐに発揮し、国際事業部門の利益を拡大しています。

株主重視企業がわかる、納税額と自社株配当金をチェック！

●納税額が配当金総額を上回る意味とは？

企業が当該年度に実際に納付した法人税や自社株配当金総額は、キャッシュフロー計算書（CF計算書）で確認することができます。

納税額（法人所得税等の支払額）と支払配当金トップはいうまでもなく、トヨタ自動車です。納税額ではNTTやソフトバンクグループ、支払配当金ではNTTと三菱UFJフィナンシャル・グループが続きます。

通常は、納税額が配当金総額を上回ります。ただし、企業によっては配当金総額が納税額に迫る水準だったり、上回っていたりする場合もあります。株主重視の企業といっていいでしょう。JTと武田薬品工業は、14年度以降連続して、支払配当金が法人所得税等の支払額を上回っています。

主要企業の納税額と配当額①

（単位：億円）

	売上高	税金	配当金
トヨタ自動車	293795	7423	6268
ホンダ	153611	2505	1742
日本郵政	129203	2770	2036
日産自動車	119511	2637	1975
NTT	117995	5759	2714
JXTGHD	103010	947	506
日立製作所	93686	1869	675
ソフトバンクグループ	91587	3915	479
ソニー	85439	1010	284
イオン	83900	836	252
パナソニック	79821	764	583
三菱商事	75673	1967	1538
かんぽ生命	79529	1340	359
丸紅	75403	269	451
第一生命HD	70378	566	504
豊田通商	64910	548	295
三菱UFJFG	60680	2182	2410
セブン&アイHD	60378	788	795
東京電力HD	58509	31	0
三井住友FG	57641	1032	2185
新日鉄住金	56686	634	662
伊藤忠商事	55100	858	928
東京海上HD	53991	1601	1138
MS&ADHD	52178	1325	798
デンソー	51082	700	978
KDDI	50419	2913	2198
三井物産	48921	1246	1058

（17年度）

主要企業の納税額と配当額②

（単位：億円）

	売上高	税金	配当金
住友商事	48273	528	661
NTTドコモ	47694	2329	3335
三菱電機	44311	700	686
三菱重工業	41108	389	402
富士通	40983	381	205
キヤノン	40800	714	1628
東芝	39475	1048	109
アイシン精機	39089	904	374
大和ハウス工業	37959	1009	646
SOMPOHD	37700	771	409
スズキ	37572	1123	251
出光興産	37306	342	123
三菱ケミカルHD	37244	576	388
JFEHD	36786	275	345
ブリヂストン	36434	672	1086
みずほFG	35611	1728	1903
マツダ	34740	333	209
SUBARU	34052	812	1103
関西電力	31336	152	356
住友電気工業	30822	355	343
JR東日本	29501	1030	522
オリックス	28627	1083	727
中部電力	28533	127	226
NEC	28444	207	155
コスモエネルギーHD	25231	243	42
コマツ	25011	870	613
富士フイルムHD	24333	620	317

（17年度）

主要企業の納税額と配当額③

（単位：億円）

	売上高	税金	配当金
シャープ	24272	155	0
サントリーHD	24202	400	89
ダイキン工業	22905	832	394
東レ	22048	343	224
三菱自動車	21923	201	179
住友化学	21905	287	277
日本郵船	21832	202	0
リクルートHD	21733	747	545
積水ハウス	21593	544	476
JT	21396	1125	2435
ファーストリテイリング	21300	858	382
NTTデータ	21171	640	217
アサヒグループHD	20848	782	265
いすゞ自動車	20703	416	251
リコー	20633	443	144
昭和シェル石油	20459	83	143
ゆうちょ銀行	20449	1345	1874
旭化成	20422	494	391
豊田自動織機	20039	209	419
日本通運	19953	273	115
野村HD	19721	494	701
大林組	19006	470	236
神戸製鋼所	18811	110	0
キリンHD	18637	611	369
日野自動車	18379	183	160
鹿島	18306	480	238
JR東海	18220	1594	275

（17年度。ファーストリテイリングは18年8月期）

主要企業の納税額と配当額④

（単位：億円）

	売上高	税金	配当金
東京ガス	17773	223	251
武田薬品工業	17705	298	1414
クボタ	17515	698	384
三井不動産	17511	382	355
ヤマハ発動機	16700	308	241
LIXILグループ	16648	318	172
商船三井	16523	130	12
三菱マテリアル	15995	273	91
IHI	15903	33	46
大成建設	15854	510	249
京セラ	15770	577	479
川崎重工業	15742	83	83
ヤマダ電機	15738	192	104
大東建託	15570	534	439
ヤマトHD	15388	128	106
清水建設	15194	363	243
JR西日本	15004	424	290
花王	14894	553	502
日本電産	14880	345	266
王子HD	14858	150	99
AGC	14635	98	218
凸版印刷	14527	233	129
信越化学工業	14414	747	533
ジェイテクト	14411	207	144
大日本印刷	14122	131	195
トヨタ紡織	13995	159	100
サントリー食品インターナショナル	12340	290	234

（17年度）

▼PART4

キャッシュの出入を見るだけで「優良企業」「成長企業」「崖っぷち企業」が読める！

「なぜ利益が出ているのに現金が不足しているのか」がわかる！

●最も理解しやすい財務諸表「キャッシュフロー計算書」

企業活動を３つに分け、キャッシュの出入を「営業活動によるキャッシュフロー（営業ＣＦ）」「投資活動によるキャッシュフロー（投資ＣＦ）」「財務活動によるキャッシュフロー（財務ＣＦ）」で表示するキャッシュフロー計算書（ＣＦ計算書）についてまとめておきましょう。

ＣＦ計算書は、企業が商品や製品の販売などで新たに獲得したキャッシュや企業買収のための出金などの状況をまとめたものです。キャッシュインとキャッシュアウトを示しています。貸借対照表（ＢＳ）と損益計算書（ＰＬ）を含め財務３表といいますが、なかでも最も理解しやすい財務諸表です。

すでに紹介した「〇」と「△」による評価例でもわかるように、ポイントをおさえさえすれば、理解するのに時間はかかりません。それでいて企業が〝攻め〟の姿勢を

キャッシュフロー計算書（CF計算書）の構造

営業活動によるキャッシュフロー　（営業CF）

税金等調整前当期純利益
減価償却費
受取利息及び受取配当金
支払利息
持分法による投資利益
売上債権の増加額
棚卸資産の増加額
仕入債務の増加額
⋮
小計
利息及び配当金の受取額
利息の支払額
法人税等の支払額
営業活動によるキャッシュフロー

→ 営業活動に関するキャッシュの出入を示す

投資活動によるキャッシュフロー　（投資CF）

有価証券の取得による支出
有価証券の売却による収入
有形固定資産の取得による収入
⋮
投資活動によるキャッシュフロー

→ 投資活動に関するキャッシュの出入を示す

財務活動によるキャッシュフロー　（財務CF）

長期借入による収入
長期借入金の返済による支出
⋮
財務活動によるキャッシュフロー

→ 財務活動に関するキャッシュの出入を示す

現金及び現金同等物に係る換算差額

現金及び現金同等物の増加（△減少）額 → 会計年度期間中の現金の増減

現金及び現金同等物の期首残高

⋮

現金及び現金同等物の期末残高 → 貸借対照表（BS）の現金及び現金同等物の残高と一致

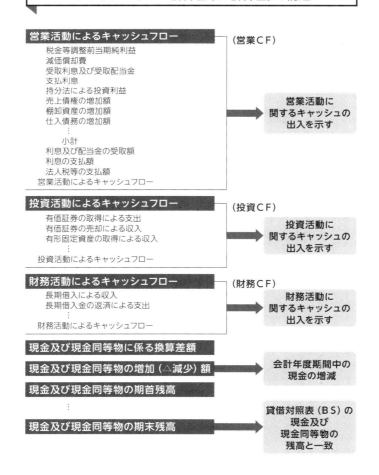

強めているのか、それとも〝守り〟に入っているのか、といった重要なことも一目で判断することが可能です。

「利益が出ているのに、なぜ会社の運転資金（現金）が不足しているのか」といった会話が交わされたりすることがあります。「取引先と交渉して、売上代金の回収はできるだけ早く、原材料費など支払いはできるだけ遅く」といった指示を受けることがあるでしょう。それらは、CF計算書への理解を深めることで合点がいくはずです。

新聞や雑誌では「黒字」や「赤字」といったニュースはよく見かけますが、CF計算書に関する記述は少ないのが現実です。会社の同僚や友人などとの日常的な会話のなかでも話題になることは稀でしょう。それだけに「○」「△」による企業分析などは、アピールになる場面があるはずです。ぜひ、試してください。

●CF計算書のキャッシュはウソをつけない！

キヤノンが手持現金を6500億円ほど減少させる一方で、東芝がほぼ同額の入金を計上したことがあります。キヤノンが東芝の医療機器子会社を現金で購入したことを示したものでした。

半導体大手のルネサスエレクトロニクスは、17年に米国の同業を現金約３５００億円で買収しています。その結果、17年度末の手元現金は16年度末に比べて２１００億円ほど減額になりました。

日本たばこ産業（ＪＴ）は英国タバコ会社の買収などで１兆１７９５億円あった現金を、２１５０億円まで減らしたことがあります。

キヤノンや東芝、ルネサスエレクトロニクス、ＪＴのこれらについては、それぞれのＣＦ計算書で確認すれば明らかです。

東芝については、不正会計問題が大きなニュースになったこともありました。売上高や利益を過大に装っていたというものです。しかし、ＣＦ計算書については、不正発覚後の修正はほぼありませんでした。**ＰＬの「利益」は誤魔化せても、ＣＦ計算書のキャッシュはウソをつけなかった**わけです。

ＣＦ計算書は、その名のとおり、キャッシュ（現金）のフロー（流れ）、つまり、会社の現金の流れを示す財務諸表です。会計年度の初日（期首）に現金がいくらあって、年度内における入金と出金がこうだったから、その会計年度の最後の日（期末）の現金残高はいくらです、ということを示します。

実際には、現金だけでなく、普通預金や当座預金、預入期間が3カ月以内の定期預金や定期積金といった現金に近いものを含め計上します。それが最終科目の「現金及び現金同等物の期末残高」であり、その計上額はBSにおける資産の最初の科目である「現金及び現金同等物」と一致します。

BSとPLは「当期純利益」でつながり、BSとCF計算書は「現金及び現金同等物」でつながっている——**財務3表はバラバラに作成されるものではなく、それぞれにつながっていて一体**というのもポイントです。

中小企業などCF計算書を作成しないケースも多いものですが、現金出納帳を思い浮かべれば理解しやすいはずです。

現金出納帳では、販売による入金や売掛金の回収はもちろん、利息の受取り、所有している他社株式の売却による入金、土地や機械の売却による入金、さらには借入による入金などは、すべて「入金」として処理します。

仕入代金や人件費、営業経費、納税、新しい機械や土地購入による出金、利息や借入金の返済による支払いなどは、すべて「支出」です。売掛金や買掛金といったツケによる販売・仕入など、現金の移動がともなわないものは計上しません。基本的には

ＣＦ計算書と同じ流れです。

●キャッシュフロー計算書と損益計算書（ＰＬ）は、どこがちがうのか？

ＣＦ計算書とＰＬのちがいを、具体例を使って見てみましょう。１４６ページの表の場合、単価「5」で仕入れたものを、販売価格「7」にして、10個完売しています。期中の売上は「70」で、仕入は「50」ですから、ＰＬでの利益は「20」になります。ただし、仕入「50」は現金支払い、売上は「現金20・売掛50」です。その結果、現金は「期首60」が「期末30」と、「30」のマイナスになっています。

「ＰＬでは利益が出ているのに、ＣＦ計算書の現金期末残高は減少している」というわけです。**ＣＦ計算書も現金出納帳と同じように、現金の移動があった場合に限って計上する**からです。

たとえば、ツケ（売掛）での売上はＰＬには計上しますが、現金の入金はまだないため、ＣＦ計算書には計上しません。実際に出金をともなわない仕入（買掛）も同じです。

新たな年度が始まった日に、簡易な建物を３００万円で新たに建設したとします

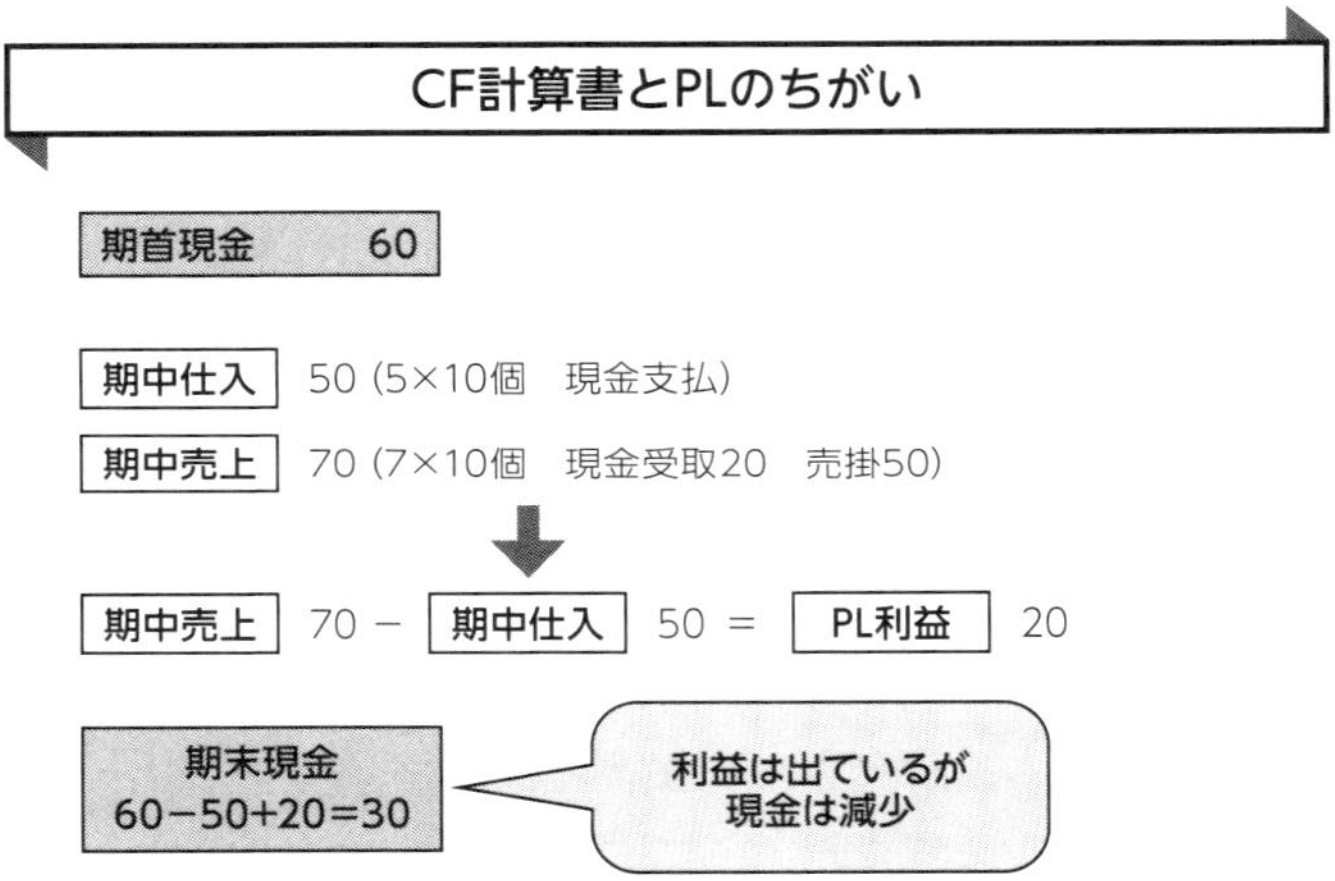

（建物の価値は10年でゼロになる）。

この場合、新設当該期のＰＬには、減価償却費として30万円を費用計上します。一方、ＣＦ計算書では、３００万円の出金があったと計上します。

翌年度以降は、実際に現金が出ていかないのに費用としてＰＬには30万円ずつ計上していきます。もちろん、すでに全額を支払済みであったため、ＣＦ計算書には出金が計上されることはありません。

借入金の扱いはどうでしょうか。**ＣＦ計算書では借入金の全額を計上するのに対し、ＰＬで計上するのは借入金**

の利息だけです。

企業が自己資金で土地を購入したとしましょう。ＣＦ計算書には土地購入のための出金として計上しますが、ＰＬではどこにも示されることはありません。

ＣＦ計算書とＰＬのちがいをおさえることも、決算書理解のポイントです。

●間接法による営業CFはこう読め！

上場企業などのＣＦ計算書を実際に見てみると、「入金と出金を計算している」というこれまでの説明に疑問を感じる人が出てくるはずです。それは営業ＣＦが「間接法」で表示されているからです。

多くの企業は、便宜的にＰＬとＢＳを活用してＣＦ計算書を作成します。ＰＬの税引前利益（あるいは当期純利益）をベースに、現金の出入に関係ない科目を調整して金額を表示しています。

もちろん、その場合でも入金と出金を直接計算する金額（「直接法」による）と一致することはいうまでもありません。

間接法による営業ＣＦをよく見てください。「減価償却費」「のれん償却費」「減損損失」「支払利息」などがプラス金額として計上されていることに気がつくはずです。「為替差損益」「持分法による投資損益」「賞与引当金の増減額」「ポイント引当金の増減額」「棚卸資産の増減額」「仕入債務の増減額」などは、年度によってプラス金額もあれば、マイナス金額もあります。

これらは「実際には現金の支出がない」「支出は予定されているが年度末時点では支出されていない」「実際には現金での入金がない」といった科目です。

たとえば、減価償却費は利益を求めるＰＬでは費用として計上するため利益を減額させますが、実際には現金支出がない科目です。

すでに触れましたが、出資割合に応じて関連会社の利益を取り込む持分法による投資損益は、黒字・赤字を問わず入出金はありません。

間接法で作成している営業ＣＦで加減されている科目は、財務諸表のカギともいえるものです。それぞれに慣れ親しみ理解を深めれば、財務３表への理解力は確実にレベルアップするはずです。

キャッシュフロー計算書を使いこなす、超簡単ポイントはこれだ！

●プラスなら「○」、マイナスなら「△」から始める

キャッシュフロー計算書（ＣＦ計算書）による企業分析のポイントを、具体的に紹介しましょう。まずは、ＣＦ計算書の重要科目である「営業活動によるキャッシュフロー（営業ＣＦ）」「投資活動によるキャッシュフロー（投資ＣＦ）」「財務活動によるキャッシュフロー（財務ＣＦ）」ついて、あらためて確認しておきましょう。

営業ＣＦ　商品や製品の販売など企業本来の営業活動における現金ベースの「入金」と「出金」を示します。基本的には「販売による入金」から「仕入代金や営業経費、人件費、納税などの出金」を差し引いて求めます。

投資ＣＦ　設備投資や店舗新設、土地の購入にともなう出金と、工場などの資産売

却による入金を計算します。子会社化を目的とした他社株式の購入にかかる出金、子会社や関連会社の売却による入金もここに分類します。投資有価証券の取得・売却、定期預金の預入による支出や払戻による収入も、ここで示します。

「有価証券の売却による入金＋固定資産の売却による入金－有価証券の購入による出金－固定資産の購入による出金」が基本的な計算式です。

財務ＣＦ　営業活動や投資活動のためにどのくらいの資金を外部から調達し、返済はどのくらいだったのかを示します。主に新規借入金について計上します。社債の発行なども資金調達の方法のひとつでありここに分類します。株式配当にともなう出金も計上します。基本的には「株式の発行による入金＋借入や社債の発行による入金－配当金の支払いによる出金－借入金の返済や社債の償還による出金」で計算します。

営業ＣＦ、投資ＣＦ、財務ＣＦそれぞれについて、入金が出金より多い**入金超を示すプラス（黒字）なら「○」、入金よりも出金が多い出金超を意味するマイナス（赤字）なら「△」とします。**企業分析のための最初の作業、といっていいでしょう。

●なぜ、「出金」が「入金」を上回る「△（赤字）」もプラス評価なのか？

企業活動を3つに分類し、それぞれにおける現金（キャッシュ）の出入を示したものが、「営業CF」「投資CF」「財務CF」です。

貸借対照表（BS）や損益計算書（PL）とともに、財務3表と呼ばれる**キャッシュフロー計算書（CF計算書）における最も重要な科目**です。

営業CFからは「会社本来の営業活動によって、どれくらいの資金を獲得したのか」が明らかになります。

投資CFでは「営業活動で得た資金から、将来の利益獲得のためにどれくらい投資したのか」ということを知ることができます。

「外部からの資金調達はいくらで、返済や配当にはいくら出金したのか」といったことを示しているのが財務CFです。

もちろん、営業CF、投資CF、財務CFのそれぞれにおいて、入金が出金を上回るとは限りません。出金が入金を上回るケースも頻繁に出てきます。いわゆる、出金超（赤字、基本的には「△」をつけて表示）です。

決算といえば、「黒字が大前提で、赤字は避けるべきもの」というのが常識です。

しかし、**ＣＦ計算書では出金が入金を上回る出金超（赤字）はマイナス評価どころか、プラス評価の場合もあるというのが重要なポイント**です。

●「営業ＣＦ」「投資ＣＦ」「財務ＣＦ」の本当の意味

最初に注目すべきは何といっても、営業ＣＦです。それも黒字になっているか、赤字なのかということです。

営業ＣＦが黒字を示し、かつ、現金（現金同等物も含む）の期末残高が増えていれば、その会社は1年間の経営に成功したと判断できます。営業ＣＦの赤字は、お金を稼ぎ出すパワーがないことになります。

営業ＣＦは、入金が出金を上回る黒字であることが企業継続の大前提です。たとえば、日本企業を代表するトヨタ自動車は、リーマンショックの影響で当期純利益が４３６９億円の赤字に転落した09年３月期ですら営業ＣＦは黒字を計上。その後も連続して黒字で推移しています。

大企業で13～17年度において、営業ＣＦが1回でも赤字を計上したのは東芝ぐらいのものでしょう。液晶テレビや白物家電などを手がけているシャープも1回、家電量販店から海外からの旅行客用の免税品販売にシフトしているラオックスと、アパレルのレナウンは2回ほど営業CFが赤字でした。シャープ、ラオックス、レナウンはそれぞれ、台湾企業や中国企業の子会社になっています。

投資CFは、基本的には赤字が望ましいといえるでしょう。成長を持続するためには、設備増強や新工場・新規店舗の立ち上げ、企業買収などへの投資が不可欠です。それらのための出金が工場売却などによる入金を上回るのは、今後の成長への布石です。事実、優良企業のほとんどは出金が入金を上回る赤字を示しています。

財務CFも、赤字のほうが望ましいといっていいでしょう。財務CFは、それ単独で機能しているわけではなく、営業活動や投資活動のための資金調達の場でもあるわけです。その資金調達の場が入金超を示す黒字ということは、借入金の返済より新たな資金調達が上回っていることを意味するのですから当然のことです。

銀行などからの借入金がまったくない会社ともなれば、財務CFにおける入金はゼロで、株式配当と自社株式取得のために出金し赤字を計上していたりします。

営業CF、投資CF、財務CFの3つを組み合わせて分析するのも基本です。

営業CFと投資CFの和がフリーキャッシュフロー（フリーCF）です。重要な指標であり、基本的には黒字が望ましいといえるでしょう。本業で稼いだキャッシュが投資に使ったキャッシュより多いことを示しているからです。フリーCFの黒字額は、企業が自由に使用できる資金を意味します。黒字を重ねれば手持現金が積み上がるのが一般的です。フリーCFが赤字の場合は、新たな資金調達などで財務CFを入金超、いわゆる黒字にすることで埋め合わせをすることになります。

「○」「△」を活用して、実際に企業分析をしてみましょう。**「営業CF＋投資CF＋財務CF」がほぼ均衡状態で推移すれば、基本的に企業は経営を継続できる**と判断することができます。

●「営業CF＝○」「投資CF＝△」「財務CF＝△」は？

仕入商品や自社で製造を手がけている製品の販売など、好調な営業活動で稼いだ現金を、将来的な事業拡大を視野に入れて設備増強や企業買収に積極的に投資し、かつ、財務状態を健全にするために借入金の返済を進めていることが見てとれます。

経営がきわめて順調な典型例です。**超優良企業・絶好調企業型**と判断できます。**ファナックやNTT、キヤノンなどに代表されるパターン**です。

主要各社のCF計算書の概要①

〔「○」は入金超（黒字）、「△」は出金超（赤字）〕

ファナック

	13年度	14年度	15年度	16年度	17年度
営業CF	○	○	○	○	○
投資CF	△	△	△	△	△
財務CF	△	△	△	△	△

NTT

	13年度	14年度	15年度	16年度	17年度
営業CF	○	○	○	○	○
投資CF	△	△	△	△	△
財務CF	△	△	△	△	△

キヤノン

	13年度	14年度	15年度	16年度	17年度
営業CF	○	○	○	○	○
投資CF	△	△	△	△	△
財務CF	△	△	△	○	△

ファナックは工作機械の頭脳ともいうべきＮＣ（数値制御）装置や産業用ロボットの世界大手。**財務体質の強靭さは、トヨタ自動車を上回るといわれる**ほど定評があります。同社は無借金企業であることから、財務ＣＦにおいて借入金の返済にともなう出金はありません。株式配当と自社株取得のための出金がほとんどです。13〜17年度の５期累計額も示しておきましょう。

営業ＣＦ７８６８億円の入金超（○）
投資ＣＦ３４７９億円の出金超（△）
財務ＣＦ４３２１億円の出金超（△）

ＮＴＴの13〜17年度累計額は以下の通りです。

営業ＣＦ13兆３８６４億円の入金超（○）
投資ＣＦ９兆６６６２億円の出金超（△）
財務ＣＦ３兆９２１１億円の出金超（△）

キヤノンも基本的には、「営業ＣＦ＝○」「投資ＣＦ＝△」「財務ＣＦ＝△」です。ただし、東芝の医療機器子会社の買収に際しては新規の借入金で対応したため、16年度の財務ＣＦが入金超になっています。

●「営業CF＝○」「投資CF＝△」「財務CF＝○」は？

営業が好調であり、そこで稼いだ現金と、財務での入金（新規の借入金ないしは増資など）を利用し、将来のさらなる成長をめざして、積極的に設備投資を進めている企業と見てとれます。**優良企業、成長をめざす企業**と判断できます。**日産自動車や楽天、イオンなどが代表企業**です。

日産自動車の5期累計のフリーCFは、1兆1024億円の赤字です。営業CFで獲得した現金よりも、投資CFにおける出金が上回っている状態です。成長に向けた積極的な投資姿勢が見てとれます。

不足分は財務CFで手当てをします。同社の財務CFは、新規の資金調達が返済を上回る黒字状態が連続しており、調達累計額は1兆5308億円でした。

楽天は投資CFで、イオンは財務CFで、1度だけ例外がありますが、基本的な流れは「営業CF＝○」「投資CF＝△」「財務CF＝○」です。

フリーCFは楽天が3007億円の赤字、イオンは3426億円の黒字でした。

財務CFにおいて、入金が出金を上回る黒字状態が続いているということは、新規の借入金が積み上がることを意味します。事実、**日産自動車、楽天、イオンの有利子**

主要各社のCF計算書の概要②

〔「○」は入金超（黒字）、「△」は出金超（赤字）〕

日産自動車

	13年度	14年度	15年度	16年度	17年度
営業 CF	○	○	○	○	○
投資 CF	△	△	△	△	△
財務 CF	○	○	○	○	○

楽天

	13年度	14年度	15年度	16年度	17年度
営業 CF	○	○	○	○	○
投資 CF	○	△	△	△	△
財務 CF	○	○	○	○	○

イオン

	13年度	14年度	15年度	16年度	17年度
営業 CF	○	○	○	○	○
投資 CF	△	△	△	△	△
財務 CF	△	○	○	○	○

負債は拡大傾向です。

財務ＣＦが黒字続きの場合は、営業ＣＦで実現している黒字額などと見比べ、過度な借入になっていないか、といった判断も必要になります。**イオンのライバルであるセブン＆アイ・ホールディングス（ＨＤ）は、ＮＴＴやファナックと同じように「○△△」というパターンであり、財務ＣＦはイオンと対照的**です。

●「営業CF＝○」「投資CF＝○」「財務CF＝△」は？

投資ＣＦが黒字を意味する入金超ということは、過去の過大な設備投資で膨らんでしまった固定資産を整理（土地・工場売却など）していることをうかがわせます。

リストラの推進や事業のスリム化を目的に、子会社や関連会社の株式の売却も想定されます。有価証券などの売却、定期預金の解約などがあったとも考えられます。

損益計算書（ＰＬ）に「固定資産売却損」といった科目を計上していれば、損失覚悟で土地を手放したと判断できます。

投資ＣＦの黒字が数年に１回程度なら気にすることはありませんが、連続している場合はリストラの連続であり、経営への黄色信号の点滅とも判断できます。

主要各社のCF計算書の概要③

〔「○」は入金超（黒字）、「△」は出金超（赤字）〕

東芝

	13年度	14年度	15年度	16年度	17年度
営業 CF	○	○	△	○	○
投資 CF	△	△	○	△	△
財務 CF	△	△	○	△	△

パナソニック

	13年度	14年度	15年度	16年度	17年度
営業 CF	○	○	○	○	○
投資 CF	○	△	△	△	△
財務 CF	△	○	△	○	△

キリン HD

	13年度	14年度	15年度	16年度	17年度
営業 CF	○	○	○	○	○
投資 CF	○	△	△	△	○
財務 CF	△	△	△	△	△

東芝、パナソニック、キリンＨＤの場合は、投資ＣＦが入金超もあれば出金超の年度もありますが、営業ＣＦは揃って黒字を継続しています。**経営再建・出直し型**のパターンであるといっていいでしょう。

東芝とパナソニックは、財務ＣＦが出金超の年度があります。財務の健全化に向けて借入金の返済に取組んでいることも見てとれます。

●「営業ＣＦ＝△」「投資ＣＦ＝△」「財務ＣＦ＝○」は？

企業継続の大前提である営業ＣＦの赤字はいただけませんが、新興企業など成長を予感させるパターンでもあります。

財務ＣＦの黒字は、増資や借入による資金調達を実行していることを示しています。逆にいえば、まだ借金ができる体力があったことを意味しています。そこで獲得した資金を設備投資に回したということで、投資ＣＦは赤字になっています。

営業ＣＦのマイナス幅にもよりますが、将来的にプラス転換が見込めるようであれば、成長への期待が持てます。

●「営業CF＝△」「投資CF＝○」「財務CF＝△」は？

財務ＣＦが赤字になっているのは、営業ＣＦが赤字に陥ったことにより借入負担が重くのしかかってきているため、借入を減らしているとも読み取れます。一方、土地や有価証券の売却などを進めたのでしょうか、投資ＣＦのみが入金超になっています。売却できる資産があったわけです。

営業の不調を補うために、固定資産を売却し、借入を返済して生き残りを図っていると読むことができます。生き残りをかけた**必死型企業**のパターンです。

●「営業CF＝△」「投資CF＝△」「財務CF＝△」は？

営業ＣＦ、投資ＣＦ、財務ＣＦのいずれもが、出金が入金を上回る赤字です。**過去好調・現在不調型**といっていいでしょう。

以前はキャッシュが潤沢にあったものの、営業が不調になったことから、そのキャッシュを利用して借入金を返済し、新たな事業を模索するために、設備投資も始めたと読み取れます。

▼PART5

会社の実力がすぐにわかる損益計算書のシンプルなコツ

「黒字」か「赤字」か――損益計算書で会社の実状が見える

●5つの利益に注目！

財務3表のひとつである損益計算書は、英語の「Profit&Loss Statement」からきています。略してPLです。「黒字・赤字」といった、会社の損益状態を示すものであり、**稼ぎ（収益）からコスト（費用）を差し引き、各種利益を求めます。基本的に、PLでは5つの利益を求めます。**

営業利益や当期純利益など各種利益が、売上高と同じよう年々金額を拡大させているか否かを見ます。**企業の成長は売上高と各種利益の伸び率に顕著に現れます。**赤字ならその要因を探ります。

①売上総利益

売上高から売上原価を差し引いて求めます。一般的に、粗利益と呼ぶものです。売上高に占める割合が売上総利益率（粗利益率）です。仕入単価や製造単価の高低を見

PLの基本構造

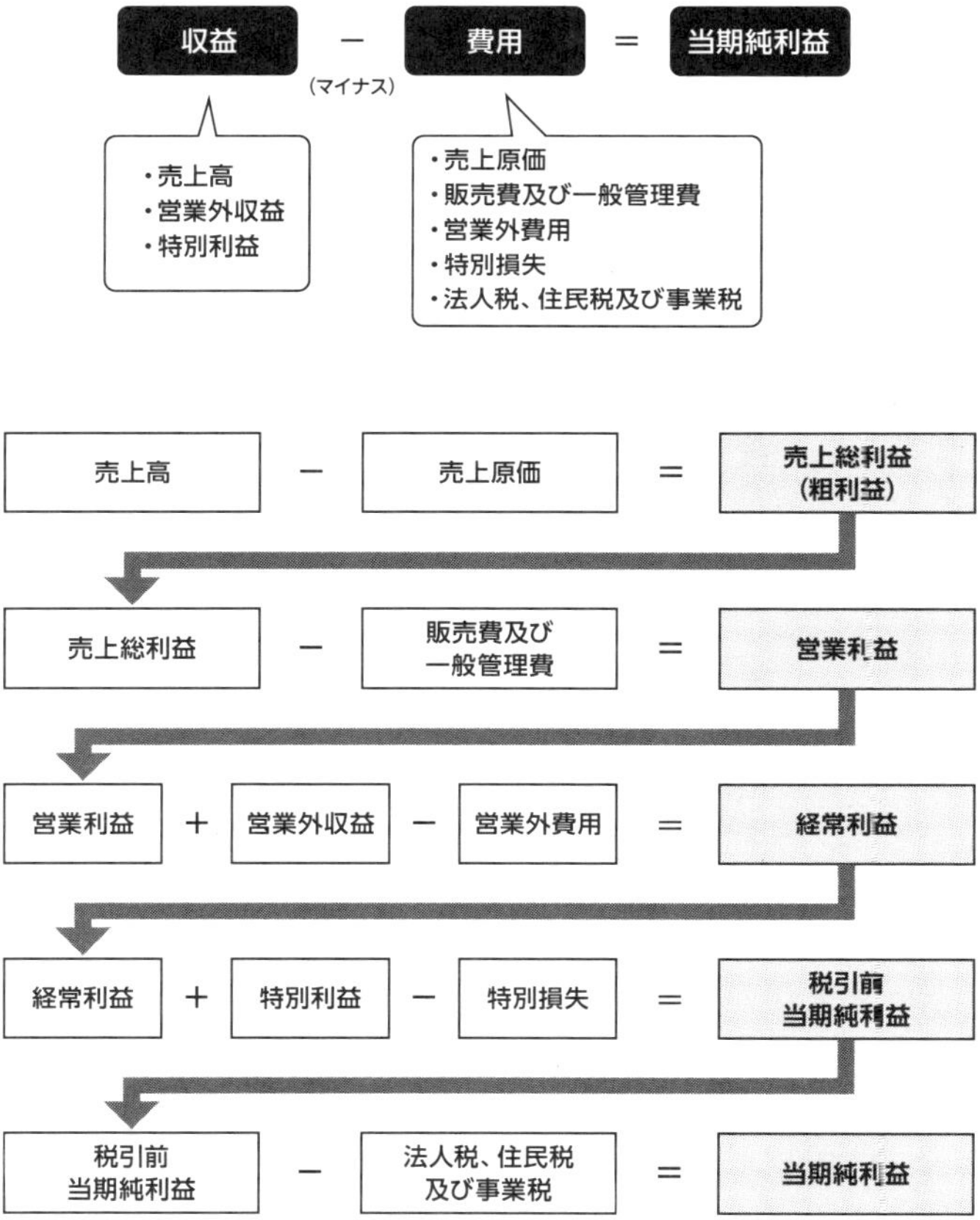
収益
－
（マイナス）
費用
＝
当期純利益
・売上高
・営業外収益
・特別利益
・売上原価
・販売費及び一般管理費
・営業外費用
・特別損失
・法人税、住民税及び事業税
売上高
－
売上原価
＝
売上総利益
（粗利益）
売上総利益
－
販売費及び
一般管理費
＝
営業利益
営業利益
＋
営業外収益
－
営業外費用
＝
経常利益
経常利益
＋
特別利益
－
特別損失
＝
税引前
当期純利益
税引前
当期純利益
－
法人税、住民税
及び事業税
＝
当期純利益

ることができます。

②営業利益（損失）

売上総利益から販売などに関する費用である「販売費及び一般管理費」を差し引いて求めます。

その年度の**本業による儲け・損失**を示します。売上高に占める営業利益の割合が売上高営業利益率です。

③経常利益（損失）

本業で獲得した営業利益に、受取利息や支払利息、配当金収入など財務関連の収入と支出（営業外損益）を加減します。**営業外損益で「財テク力」がある会社・ない会社を見分ける**ことができます。

財務内容が優秀な会社であれば、営業外利益によって経常利益が押し上げられ、営業利益を上回る場合もあります。**経営上の儲け・失敗を示すもの**です。

④税引前当期純利益（損失）

経常利益をベースに、子会社売却による利益や災害による損失など、その年度における特別利益と特別損失を加減して求めます。

⑤当期純利益（損失）

税引前当期純利益から税金負担を計算し、会社の最終的な利益を示します。そのため「最終利益」と表現する場合もあります。

赤字の場合は純損失ないしは最終赤字です。その年度の**最終的な成功・失敗が確認できます。**

有価証券報告書を提出している上場企業などは「親会社株主に帰属する当期純利益（損失）」などとします。この当期純利益でＰＬと貸借対照表（ＢＳ）はつながっています。

これら５つの利益は、日本の会計基準によるものです。そのほかに、当期純利益（損失）に所有株式の含み損益などを加減して求める包括利益もあります。

米国基準や世界基準では、経常利益（損失）や特別利益（損失）といった科目は出てきません。おさえておきたいポイントです。

「原価率」「販管費」から「のれん」まで、〝会社の数字〟を正しく使いこなす！

●売上高で会社の資金獲得能力の大きさがわかる

企業の決算数値で最も注目するひとつが「売上高」です。

モノを販売したり、サービスを提供する対価としてお金を獲得する積み重ねが売上高であり、会社の儲けの元となるものです。大きければ大きいほど大規模に商売していることになり、**売上高が大きい会社はそれだけ資金獲得能力がある**ともいえます。

小売業では、本業による売上高に不動産収入などを加えて「営業収益」としたりします。三菱商事や三井物産など総合商社は単に「収益」、銀行など金融業の場合は「経常収益」としますが、売上高に相当するものです。

左表にあるように日本企業ではトヨタ自動車が断然のトップ。ホンダや日本郵政、日産自動車、ＮＴＴ、ＪＸＴＧホールディングス（ＨＤ）と続きます。これら6社が10兆円以上で、以下日立製作所などが続きます（いずれも17年度）。

売上高トップ10

トヨタ自動車	29兆3795億円	JXTGHD	10兆3010億円
ホンダ	15兆3611億円	日立製作所	9兆3686億円
日本郵政	12兆9203億円	ソフトバンクグループ	9兆1587億円
日産自動車	11兆9511億円	ソニー	8兆5439億円
NTT	11兆7995億円	イオン	8兆3900億円

世界的には世界流通トップの米ウォルマートの売上高が、1ドル110円換算で55兆円（5003億ドル）を突破。中国の石油企業シノペックは1元17円として約40兆円（2兆3601億元）です。

●売上高は規模と伸び率を要チェック！

売上高は資金獲得能力を示します。大きければ大きいほど好ましいといえます。同時に、年々伸ばしていくことが重要なポイントです。

企業は持続的成長をめざして、事業の選択と集中を推進します。企業買収や子会社の売却なども進めます。つまり、**売上高は単年度で見るのではなく、3年、5年、10年といったスパンで注目することが不可欠**であり、右肩上がりの推移が理想です。会計基準の変更などにともなって継続性が失われる場合もあります。旧基準と新基準における流れもチェックすべきです。

売上高を右肩上がりで伸ばしている企業のひとつが、旧ドンキホーテＨＤです。ディスカウント業態と分類されることが多い同社は、コンビニのファミリーマートとスーパーマーケットのユニーを率いるユニー・ファミリーマートＨＤからスーパー事業を買収。社名もパン・パシフィック・インターナショナルＨＤに変更しました。

旧ドンキホーテＨＤの１号店オープンは１９８９年（平成元年）。株式を公開した１９９８年当時の売上高は２３０億円弱でした。10年後の２００８年６月期はおよそ４０００億円。さらに10年を経過した18年６月期は、１兆円に迫るまでになってきました。

「売上高なくして利益なし！」ということです。旧ドンキホーテＨＤは、連続して対前年度売上高増を実現。平成という時代において年々売上高を伸ばしてきたのです。ユニー・ファミリーマートＨＤのスーパー事業を買収することで、売上高が１兆５０００億円程度に伸びることは確実です。

売上高を見るときは、規模と伸び率に着目するのがポイント。減少傾向にある場合は、マイナス要因を探ることになります。

旧ドンキホーテHDの売上高推移

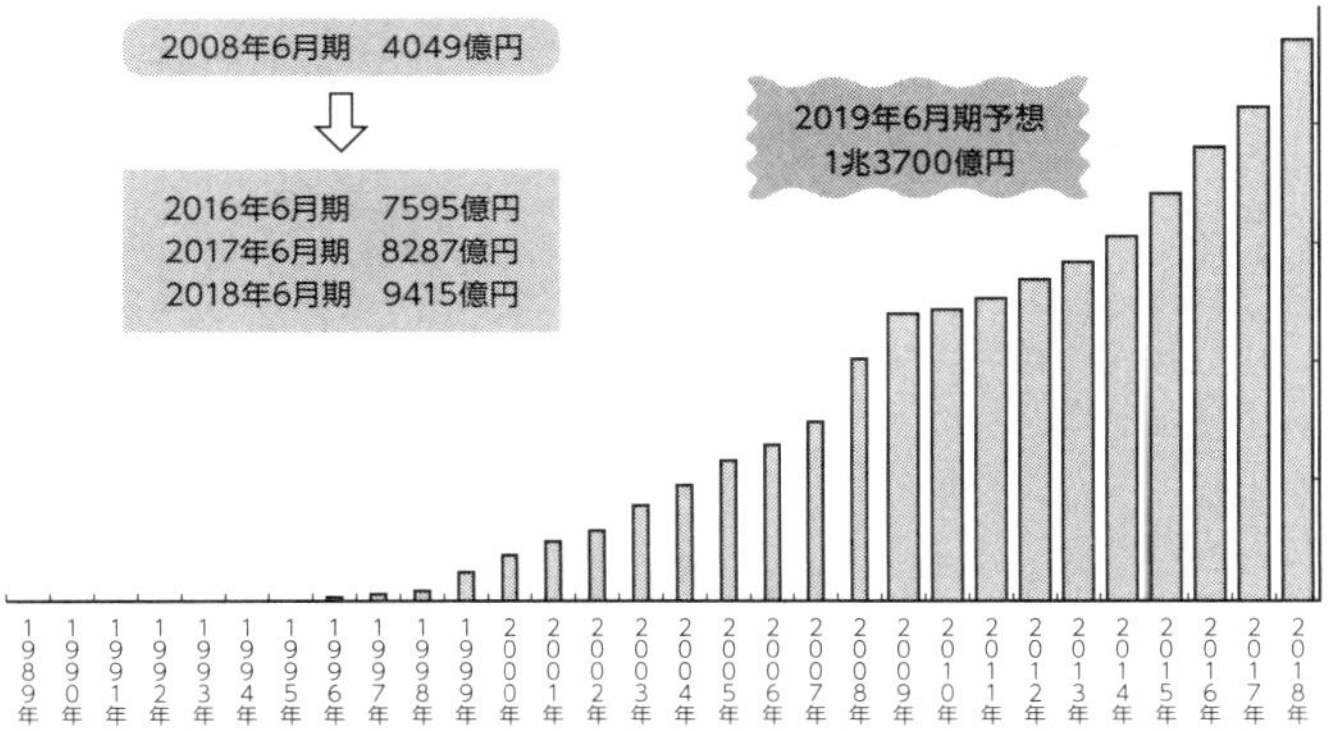

●原価率が低ければ低いほど、粗利益率は高くなる！

仕入値や原材料費などについては、社内でテーマにのぼらない日はないといっていいでしょう。売上高に対する仕入値などの割合を原価率といいますが、投資家にとっても重要視する指標のひとつ。レストランでの食事や衣料品の買物などでも「原価率はいくら？」と気になったりすることが多いものです。

原価率と粗利益率（売上総利益率）の合計は100％です。原価率が低ければ低いほど、粗利益率は高くなる関係にあります。つまり、原価率は低ければ低いほど、粗利益率は高ければ高いほど望ま

しいわけです。

売上高	100％
原価率	粗利益率（売上総利益率）

原価率＝売上原価÷売上高×100％

売上原価＝期首商品棚卸高＋当期商品仕入高－期末商品棚卸高**（販売業の場合）**

売上原価＝期首製品棚卸高＋当期製品製造原価－期末製品棚卸高**（製造業の場合）**

原価率を求める計算式そのものは単純です。ざっくりいえば、期首在庫と仕入高（製造原価）の合計から期末に残った在庫を差し引いて求めます。ただし、売上原価についてはおさえておきたいポイントがいくつかあります。

介護や学習塾などのサービス業では、介護現場や教室の運営のための費用などが売上原価になります。したがって、介護士や講師など現場従事者の人件費も売上原価に含まれます。外食チェーンの場合は、店舗に食材を提供するセントラルキッチンでの材料費や人件費、光熱費なども含まれます。

実際には、「売上原価明細」を作成するのですが、各社がホームページなどで発表している「決算短信」で見かけることはほぼなくなりました。ただし、有価証券報告書の単体ベースのＰＬに付随して「売上原価明細」が開示されている場合があります（持株会社は除く）。確認してみるのもいいでしょう。

ちなみに、マクドナルドを運営している日本マクドナルドＨＤの原価率は、業績の回復もあって80％台に低下しています。以前は90％台もありました。丸亀製麺のトリドールＨＤは25％、サイゼリヤは35％です。原価率が高いとされる寿司業態のスシローグローバルＨＤやくらコーポレーションにしても50％を切ります。

日本マクドナルドＨＤの原価率が同業と比較して驚くほど高いのは、直営店舗に関しては原材料費や人件費はいうまでもなく、紙コップや包装紙などを含め、店舗運営費用をまるごと原価に組み入れているからでしょう。

●ウエルシアＨＤの売上高と仕入高の関係性

売上原価でおさえておきたいポイントは、販売用に仕入れた商品や製造した製品であっても、原価に含むのは売上があった分だけで、売れ残りは原価に含まないということです。

現在、小売業で勢いがある業態の代表がドラッグストアです。通勤通学での利用が多い駅近辺では、早朝からオープンしている店を見かけるようになりました。24時間営業の店も出現しています。ノンアルコール飲料や菓子類などを安値で販売しています。**コンビニの最大のライバルになった**と判断していいでしょう。

売上高トップの座を巡っての争いも激化しています。**イオン系のウエルシアＨＤがトップに立ち、長年にわたって首位をキープしていたマツモトキヨシＨＤは４位に陥落**しています。そのドラッグストア２社は、有価証券報告書で商品別仕入高と売上高を開示しています。

売上高と仕入高の関係から、おおよその販売戦略が見てとれます。

ウエルシアＨＤの売上高と仕入高の関係を確認してみます。医薬品や衛生・ベビー用品などの売上高は仕入高の1・6倍。調剤なども1・6倍。化粧品1・4倍、家庭用雑貨1・3倍、食品1・2倍などとなっています。

マツモトキヨシＨＤは医薬品1・6倍、化粧品1・4倍、雑貨1・3倍、食品1・1倍です。

仕入高に対する売上高の倍率が高い商品ほど利益率（粗利益率）が高くて、倍率が

ドラッグストアの商品別仕入高と売上高

ウエルシアHD　原価率69.8%＝売上原価4853億円÷売上高6952億円×100%

	仕入高		売上高
医薬・衛生・ベビー・健康関連	932億円	1.6倍→	1497億円
調剤	707億円	1.6倍→	1148億円
化粧品	843億円	1.4倍→	1223億円
家庭用雑貨	787億円	1.3倍→	1054億円
食品	1212億円	1.2倍→	1510億円
その他	451億円	1.1倍→	518億円
合　計	4933億円	1.4倍→	6952億円

（18年2月期）

マツモトキヨシHD　原価率69.7%＝売上原価3896億円÷売上高5588億円×100%

	仕入高		売上高
医薬品	1030億円	→1.6倍	1715億円
化粧品	1532億円	→1.4倍	2174億円
雑貨	737億円	→1.3倍	965億円
食品	451億円	→1.1倍	519億円
卸事業	168億円	→1.0倍	169億円
合　計	3920億円	→1.4倍	5543億円

（18年3月期）

売れ残りがあっても完売と同率になる

仕入　500円×100個=50,000円

販売①	800円×100個=80,000円 原価率　50,000円÷80,000円×100%=62.5%
販売②	800円×80個=64,000円 原価率　(500円×80個)÷64,000円×100%=62.5%
販売③	800円×80個=64,000円 原価率　50,000円÷64,000円×100%=78.1%

低いほど安値で販売していると判断していいでしょう。

全体の原価率はほぼ同率ですが、ウエルシアＨＤとマツモトキヨシＨＤは、**医薬品でしっかり利益を確保する一方で、雑貨や食品の販売価格をコンビニより低く設定して集客している**わけです。ドラッグストア特有の戦略です。

●完売しなくても完売と同じ原価率になるのはなぜ?

原価に含まれない売れ残り品は、基本的に在庫として扱いますが、原価率の簡単な計算をしてみましょう。上の表を見てください。５万円で５００円の商品を

100個仕入れたという前提です。販売は1個800円の設定です。「販売①」のように完売した場合の原価率は、62・5％です。「販売②」は、仕入100個に対して販売は80個で、売れ残りは20個です。売れ残りは原価に含まないことから80個の仕入分と売上高で計算すると、やはり原価率は62・5％と完売の場合と同率になります。**売れ残りの「500円×20個＝1万円」は在庫として計上**します。

販売品が生もので、売れ残りは廃棄処分にする場合はどうでしょうか。たとえば「販売③」のような場合です。売上原価は仕入代全額に相当します。そのため原価率は78％強に跳ね上がります。

完売しても完売しなくても原価率が同じ数値になったり、**売れ残り品を廃棄処分すると原価率が上昇**したりするのは、企業経営にとって重要なポイントです。

原価率が高くなれば、粗利益率は低くなる――**不良在庫を出すということは、利益率の低下を招くことになり、会社の損益に大きな影響を与える**ということです。逆にいえば、**「売上単価を上げる」「仕入単価を下げる」**ことに加えて、**「不良在庫を出さない」ことが、会社の利益率アップには欠かせない**わけです。

一般的には、原価率がアップ（粗利益率がダウン）していれば、仕入値が高くなったか、値引き販売を余儀なくされた、といったことなどが想定されます。原価率がダウン（粗利益率はアップ）していれば、仕入値を低くおさえることができたか、売値と仕入値の差額が大きい商品が売れた、といった判断をすることができます。

●100円ショップ「セリア」でわかる販管費の意味

売上高　100%		
売上原価	売上総利益（粗利益）	
売上原価	販管費	営業利益

粗利益から差し引く販売費及び一般管理費、いわゆる販管費とされるものは賃借料や運送費、広告宣伝費、人件費などです。実際にどんな科目を計上しているのか、100円ショップを運営しているセリアで見てみましょう。1個100円の商品を10個、1000円の商品を販売したとして、売上原価、販管費、営業利益を計算してみました。

セリアは1000円を販売するたびに、104円の営業利益を確保していることになります。

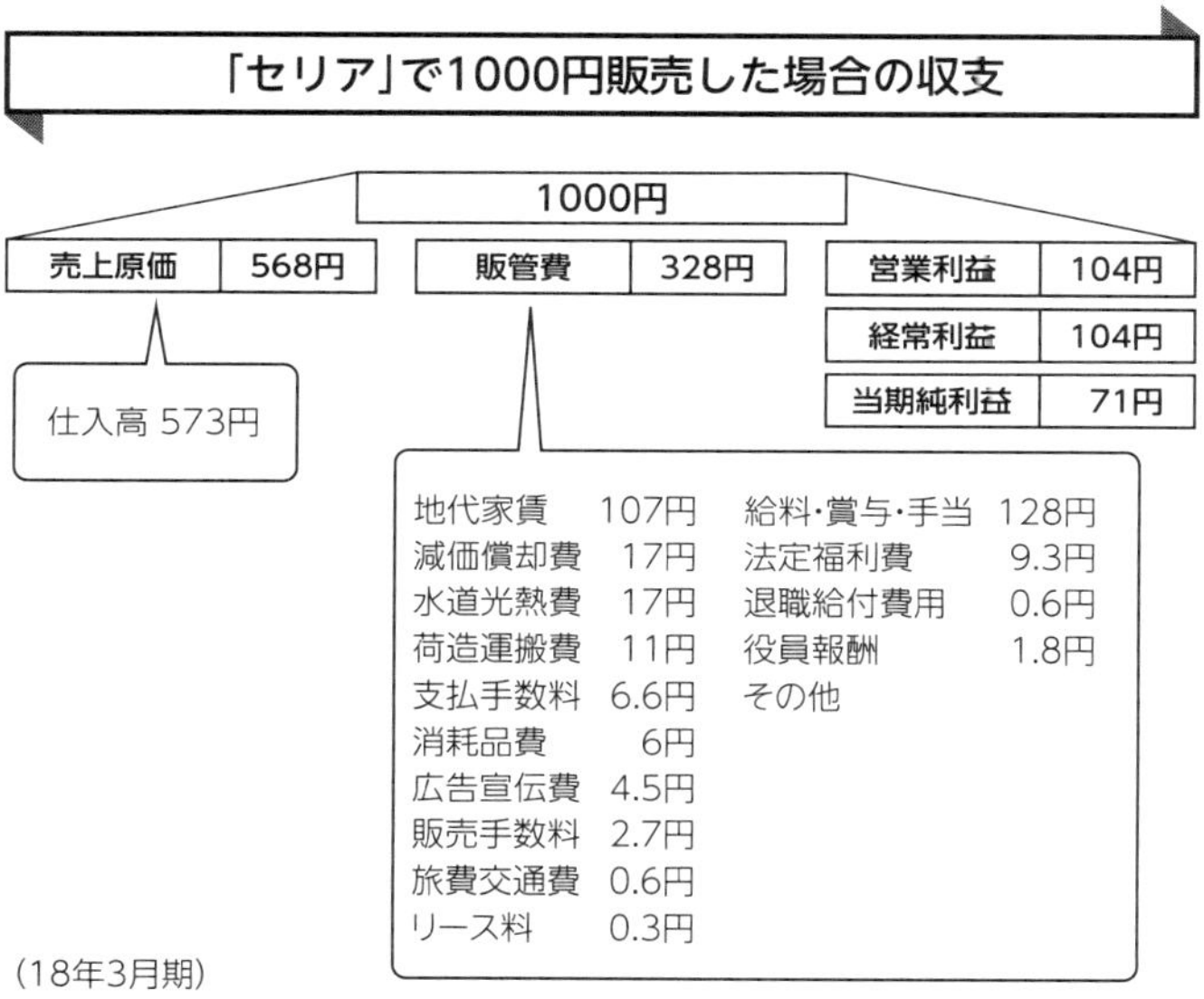

売上原価は５６８円に相当しています。１０００円で販売する商品を５６８円で仕入れている。１個１０００円の商品なら、原価は56・8円というわけです。

販管費は１０００円の販売当たり３２８円についています。内訳を見てみましょう。

自社物件もあるのでしょうが、１４５０を超す店舗の地代家賃は１０７円についています。減価償却費17円、水道光熱費17円、荷造運搬費11円、消耗品費６円、広告宣伝費４・５円などです。

人件費関連では、従業員やパートの給料・賞与・手当は128円に相当しています。従業員の健康保険料や年金など社会保険料の会社負担分である法定福利費は9・3円です。社会保険料は従業員だけでなく会社にとっても負担が重いということです。取締役など役員報酬は1・8円についています。

支払手数料は金融機関での振込手数料やカード売上手数料、公認会計士や弁護士などへの報酬です。販売手数料は代理店などに支払う手数料です。セリアでは計上されていませんが、研究開発費や交際費、研修費なども販管費に含まれます。

人件費についてはパートなどは「雑給」として処理したりします。製造業などでは、工場における勤務者については売上原価に「労務費」として計上するのが一般的です。

●営業利益率が50%を上回るキーエンスの秘密

「営業利益＝売上高－売上原価－販売費及び一般管理費」

会社の本業の儲け具合を示す重要な指標が営業利益です。粗利益から一般的に〝販管費〟と呼ばれる「販売費及び一般管理費」を差し引いて求めます。

営業利益額の拡大は、本業の儲ける力が強くなっていることを示します。**赤字は本**

業による儲ける力が弱っていることを示します。

米アップルともなれば、６兆円台から７兆円台の営業利益をコンスタントに叩き出していいます。日本企業ではトヨタ自動車が２兆円台、ソフトバンクグループが１兆円台といったところです。

「営業利益率＝営業利益÷売上高×１００％」

規模（金額）だけでなく、「営業利益率」にも注目すべきです。**売上高に対する営業利益の割合が売上高営業利益率で、「％」が高ければ高いほど、本業による儲けがうまくいっていると見ることが可能**です。

トヨタ自動車はおよそ８％、ソフトバンクグループは14％強です。

流通関連の企業でいえば、「無印良品」の良品計画や「ユニクロ」のファーストリテイリングが10％前後、シューズ販売のＡＢＣマートが20％弱です。**ネット通販のＺＯＺＯは40％前後という高い営業利益率をマーク**しています。

メーカーはどうでしょうか。信越化学工業やファナック、それにＦＡ（ファクトリー・オートメーション）用のセンサーや三次元測定器などを手がけるキーエンスは、高い営業利益率をキープしている会社として有名です。

高い営業利益率をマークしている代表的なメーカー

信越化学工業	原価率	販管費率	営業利益率
16年度	70.2%	10.5%	19.3%
17年度	66.8%	9.8%	23.4%
ファナック	**原価率**	**販管費率**	**営業利益率**
16年度	56.5%	15.0%	28.5%
17年度	54.8%	13.6%	31.6%
キーエンス	**原価率**	**販管費率**	**営業利益率**
16年度	19.1%	27.2%	53.7%
17年度	17.9%	26.5%	55.6%

営業利益率が50％を上回っているキーエンスの場合は、原価率にも注目してください。**工場を持たない〝ファブレス〟がビジネスモデルであり、それゆえ、低い原価率と高い営業利益率を実現している**と見ていいでしょう。

3社は従業員の平均年間給与が高いことでも知られています。信越化学工業は800万円台、ファナックは1300万円台、キーエンスは2000万円強です。上場しているM&A仲介企業のなかには、平均給与がおよそ3000万円というところも存在していますが、キーエンスやファナックもトップ水準といっていいでしょう。

主なメーカーの営業利益率

社　名	原価率	販管費率	営業利益率
トヨタ自動車			
16年度	82.4%	10.4%	7.2%
17年度	81.3%	10.5%	8.2%
ホンダ			
16年度	77.6%	16.4%	6.0%
17年度	78.1%	16.5%	5.4%
日産自動車			
16年度	80.4%	13.3%	6.3%
17年度	82.1%	13.1%	4.8%
日立製作所			
16年度	74.0%	19.6%	6.4%
17年度	73.3%	19.1%	7.6%
ソニー			
16年度	62.5%	33.7%	3.8%
17年度	60.7%	30.7%	8.6%
パナソニック			
16年度	70.2%	26.0%	3.8%
17年度	70.7%	24.5%	4.8%
新日鉄住金（日本製鉄に商号変更）			
16年度	87.7%	9.8%	2.5%
17年度	87.7%	9.1%	3.2%
デンソー			
16年度	83.3%	9.4%	7.3%
17年度	83.3%	8.6%	8.1%
三菱電機			
16年度	69.6%	24.0%	6.4%
17年度	68.4%	24.4%	7.2%
キヤノン			
16年度	50.8%	42.5%	6.7%
17年度	51.2%	40.6%	8.2%
ブリヂストン			
16年度	59.1%	27.4%	13.5%
17年度	62.1%	26.4%	11.5%

主な大企業の営業利益率はどうでしょうか。

トヨタ自動車はリーマンショックの影響を受けた12年3月期に1％を割り込みましたが、14年3月期以降は7％から9％での推移です。金融部門除いた自動車部門に限れば1ポイント程度ダウンしますが、原価率を下げることで営業利益率を高めてきたことが認められます。

日立製作所やソニー、パナソニックは世界のライバルとの比較で、見劣っているのが現実です。アップルやマイクロソフト、グーグルの親会社であるアルファベット、サムスン電子の営業利益率は20％台での推移です。新日鉄住金（日本製鉄に商号変更）も韓国のポスコやルクセンブルクのアルセロール・ミタルを下回ります。**ブリヂストンは仏ミシュランと並んで、世界トップ級の営業利益率を持続**しています。

●「EBITDA」で何がわかる？

間接法で作成している営業CFにおいて、プラス金額やマイナス金額で表示されている科目に注目することが、財務3表の理解につながることは前にも触れました。「減価償却費」「のれん償却費」「減損損失」などですが、これらのなかには販管費に組み込まれている科目があります。

つまり、販管費においても実際に出金したり、出金が予定されたりしている科目と、出金がともなわない科目に大別できるわけです。前述のセリアでいえば、1000円につき17円に相当している**減価償却費が出金をともなわない代表的な費用科目**です。

「EBITDA」という指標を目にすることが多くなりました。求める計算式がいくつかあるなかで最もシンプルなものは、「EBITDA＝営業利益＋減価償却費＋のれん償却額」というものです。実際の出金がない減価償却費などを営業利益に加算することで、キャッシュ利益ともいうべき指標を見てみよう、という目的で使われるようになってきました。

セリアで当てはめれば、営業利益に減価償却費の17円分を加算すると、1000円の販売で120円以上のキャッシュ利益を確保している、と見るわけです。

減価償却は、企業が建物を建てたり、機械や車を購入したりすると発生する科目です。支払いはすんでいるのですが、その**全額を一挙に経費（費用）にするのではなく、使用できる年数（法定耐用年数）に応じて費用化することを減価償却といい、その計上額が減価償却費**です。たとえば、耐用年数が10年と定められている簡易な建物の建設備費が３００万円だとすれば、毎年30万円ずつ10年間費用化します。

製造業などは売上原価にも減価償却費を計上しますが、トヨタ自動車の減価償却費の総額は１兆円台（17年度は約１兆７０００億円）です。営業利益に減価償却費１兆数千億円が加算されるとなれば、かなりのインパクトです。

出金をともなわない減価償却費を目安にして、年度における投資設備のおおよその規模を決めることもあります。

●減損損失——店舗はあるのに資産価値がゼロなのはなぜ？

ジーンズやTシャツ、ジャケットなど年間の仕入高は57億円、販売は96億円のカジュアル衣料を販売している会社があります。ネット通販ではなく、店舗での販売が中心です。ただし、運営している81店舗について、建物や構造物、工具、器具、備品などの帳簿価額がゼロ、店舗の価値がまったくないというのです（17年度。18年度は多少回復予定）。日本一豪華な店舗である高島屋の新宿店ともなれば、土地の価値がおよそ１６８５億円ということもあって、構造物など含めた全体の価値は２０６０億円弱です。驚くほどの格差です。

合計81店舗の資産価値がゼロの会社は、ＲＩＺＡＰグループの子会社になっているジーンズメイトです。「はじめに」でも触れたように、割安で購入した企業です。店舗の稼ぎ（収益性）が低くなったために、店舗の帳簿上の価額を引き下げる「減損処理」を余儀なくされました。

店舗などについては、新設や改修などの投資額に応じて帳簿価額を設定しています。一方、一定以上に収益性が低下した店舗については、今後の回収可能額を見積もり、**回収可能見積額が帳簿上の価額を下回った場合、帳簿価額を引き下げます。それを減損処理といいます。**帳簿上は「１００」の価値があっても、「50」しか回収できないとなったら、帳簿価額を「50」に引き下げると考えればいいでしょう。

ジーンズメイトのようにゼロにする例は稀ですが、三越伊勢丹ＨＤやファーストリテイリング、ヤマダ電機、ニトリＨＤなども減損損失を計上しています。いまや減損損失を計上しない会社を探すのは難しいといっていいほどです。小売や外食の店舗だけでなく、製造業においても機械装置などへの投資について、回収見込みが当初計画より大幅ダウンと認識すれば減損損失を計上することになります。航空会社における航空機や海運会社の場合は船舶も減損損失の対象になります。

●東芝の「のれんの減損7485億円」の意味とは？

土地や建物といった有形固定資産のほか、特許権などの知的財産権、M&A（企業の買収・合併）で発生する**のれん代なども減損損失の対象になります。**

東芝が17年3月期決算で9656億円という巨額の当期純損失を計上しました。グループの利益拡大を目的に買収・子会社化した米国の原発プラントメーカーが大誤算。経営破綻に追い込まれたことで、親会社の東芝も1兆円近い赤字を出したのです。「のれんの減損7485億円」が主な要因でした。

おおまかにいえば、**買収金額が買収した企業の価値（純資産）を上回った場合にのれんが発生**します。上回った分を何年かにわたって、費用として計上するのが「のれんの償却」です。減価償却と同じようなものだと理解すればいいでしょう。

日本郵政の例も見てみましょう。日本郵政は海外事業の拡大をめざして、2015年5月にオーストラリアの物流企業であるトールHDを買収しました。買収金額はおよそ6000億円でした。そして、日本郵政は、買収金額がトールHDの企業価値を上回るとして、16年3月期の期末において4143億円の「のれん代」を計上しました。その一方で、日本郵政はトールHDののれん代を20年かけて費用化（償却）しよ

う と計画します。

16年3月期は、買収が年度途中であったことから161億円の費用化でしたが、おおよその計画は「200億円×20年間」というものでした。

ところが、買収したのはいいのですが、トールHDの業績は悪化。オーストラリアにおける物流事業の不振などで収益性が低下し、のれん代の減損が避けられなくなりました。17年3月期における減損損失額は、4194億円です。その結果、日本郵政はグループ全体で赤字に転落したわけです。

●減損損失があると現金も社外に出ていくの？

収益性の低下にともなう店舗の減損やのれん代の減損、いわゆる「減損損失」は基本的に、PLの特別損失に計上します。

日本郵政の「のれん」と「減損損失」

	15年3月期	16年3月期	17年3月期	18年3月期
のれん	0.02	4143	30	28
のれん償却	△0.08	△161	△207	△1.67
減損損失	△53	△133	△4194	△179
純利益	4826	4259	△289	4606

(単位：億円「△」はマイナス)

営業利益に営業外収益と営業外費用を加減して求めるのが経常利益です。営業外の収益や費用は受取利息や受取配当金、支払利息など、主に財務収支を示します。

その経常利益に特別利益を加算し、さらには特別損失を減額するのですが、減損損失はその特別損失に計上するのが基本です。

ただし、経常利益（損失）や特別利益（損失）という考え方をとらない国際会計基準では、店舗などの減損損失は「その他費用」などとして、営業利益（損失）を算出する前に計上します。また、国際会計基準や米国基準では、基本的にのれんを償却費用化することもありません。損失を認識したときに限って、損失を計上します（償却費用化の論議も出ている）。

さて、上場企業などの営業CFを見ると、減損損失額がプラスで表示されています。東芝と日本郵政がPLにおいて多額の赤字を計上した年度のそれは、東芝が7485億円、日本郵政が4194億円でした。

つまり、実際には社外に資金が流失したわけではなかったのです。**減損損失によって会社の儲けを示すPLは赤字に転落したとしても、キャッシュには影響がない**ことは認識しておきたい点です。もちろん、手がけたM&Aが実を結ぶのか、それとも失敗に終わるのかといった経営判断が問われることはいうまでもありません。

●当期純利益を求めるために、〝調整〟が必要な本当の理由

ＰＬでは、最終的に計上する「当期純利益」の前には、必ず「法人税等調整額」という科目が出てきます。

日本基準のＰＬでは、営業利益に営業外収益をプラスし、そこから営業外費用を差し引いて経常利益を求めます。そしてその経常利益に特別利益と特別損失を加減して、税金負担を計算するための前提となる利益（損失）を算出します。国際基準であれば営業利益に金融収益と金融費用を加減して求めます。いわゆる、税引前利益であり、「税引前当期純利益」とか「税金等調整前当期純利益」と表記するのが一般的です。

基本的には、この税引前利益に税率をかけて、決算期末日以降に納付することになる法人税などを計算しますが、〝調整前〟と表記していることでもわかるように調整が不可欠です。

〝調整〟が必要なのは、「税引前当期純利益－法人税、住民税及び事業税」で求める金額と、「当期純利益」の金額が異なってくるからです。

企業会計では「収益－費用＝利益」とします。一方、納税額を算出するためのベースとなる金額（課税所得）は、**「益金－損金＝（課税）所得」**で求めることになります。「収益と益金」と「費用と損金」では、一部異なるところがあります。そのため「利益」と「所得」は一致せず、結果、利益から計算した法人税などの額と所得から計算した実際の税額に差異が生じてしまいます。この差異を、ＰＬの最終段階で調整するわけです。

会社の決算書を作成するための企業会計では、税務上認められている以上の減価償却費を計上することも可能です。取引先の倒産に備えるための「貸倒引当金」は、税務的に認められる範囲がきわめて限定的です。

したがって、企業会計に基づいたＰＬで算出する（税引前当期純利益をベースに計算する）法人税額と、実際の納税額は異なります。企業会計と税金申告書作成のための税務会計ではズレが生じるため、調整が必要なのです。

▼PART6

「儲け」を引き寄せる〝バランスシート脳〟のつくり方

貸借対照表のキホンは「資産＝負債＋純資産」だけでOK！

●「左右一致」「バランス」がキーポイント

年度末における資産や負債の状況を示す貸借対照表はバランスシートともいい、略してＢＳです。**「どうやって資金を集め、何に使ったのか、その結果どうなったのか」、という一連の流れについて、決算日における状況を示しているもの**です。

財務３表のなかでもとくにＢＳを理解しようと、「簿記」から学び始めて失敗する人が多いというのが現実。決算書作成の担当者なら別ですが、ＢＳなど財務諸表への理解を深め仕事や投資にいかしたいということであれば、ＢＳについては**「右があれば左がある、左があれば右がある、そして右と左はバランスする」**と認識することがポイントです。

そもそも、**ＢＳは「資産」「負債」「純資産」というたった３つのブロックで構成**されています。収益や費用の発生、資産の増減、負債の増減、資本の増減といった会社

左右対称となるバランスシート（BS）の原則

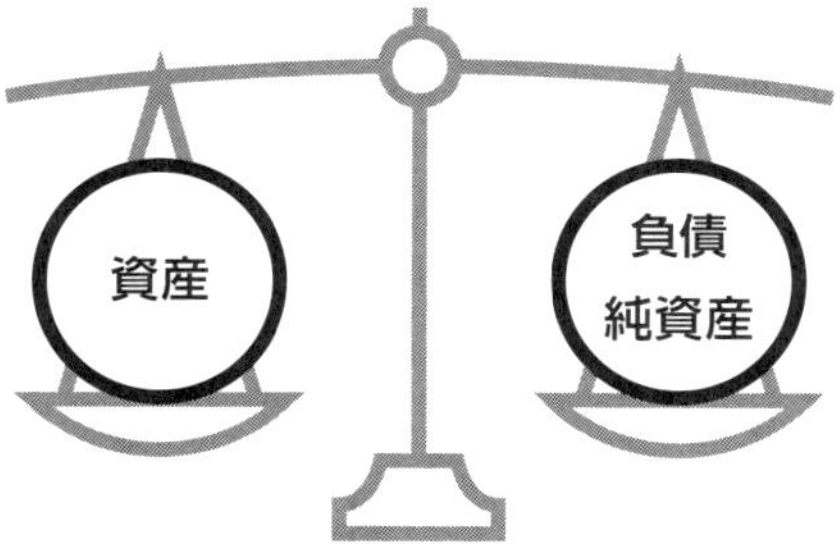

の取引のそれぞれについて、3つのブロックのどこかに振り分ける構造になっています。**「負債＋純資産」は資金の調達具合**を示し、**「資産」は資金の使い道**を表しています。そして、**決まりごとは唯ひとつ、「資産＝負債＋純資産」に集約**されます。

別の言い方をすれば、「資産」と「負債＋純資産」はバランスがとれているわけですが、どこかのブロックに変動があれば、その変動に応じて別のブロックも変動する構造になっています。同じブロック内での変動もあります。

資産より負債のほうが多い債務超過の場合はどうでしょうか。現在は解消されていますが、東芝は17年3月期決算で債務超過に陥りました。197ページの表のように通常とは異なり、「資産＋債務超過」と「負債」でバランス状態です。

「4兆2695億円＝4兆5452億円－2757億円」と実際には、純資産を赤字にすることでバランスしました。**〝左右は一致する〟〝バランスしている〟と認識するのがBS理解の早道**です。

●たった3つのブロックしかないから簡単に理解できる！

「収益や費用の発生、資産・負債・資本の増減といった会社の取引のそれぞれが、3つのブロックのどこかに振り分けられている」といえば、何か難しく感じる読者もいるかもしれません。

しかし、常識的に考えれば、資産に関係するのか、それとも負債なのか、純資産なのかといったことはおおよそ見当がつくはずです。

たとえば、損益計算書（PL）における当期純利益は、BSのどこに反映されるのでしょうか。かりに当期純利益100億円が全額キャッシュだったとします。

明らかに資産が100億円増額になります。ただし、それだけでは「資産＝負債＋純

バランスシート(BS)の構造

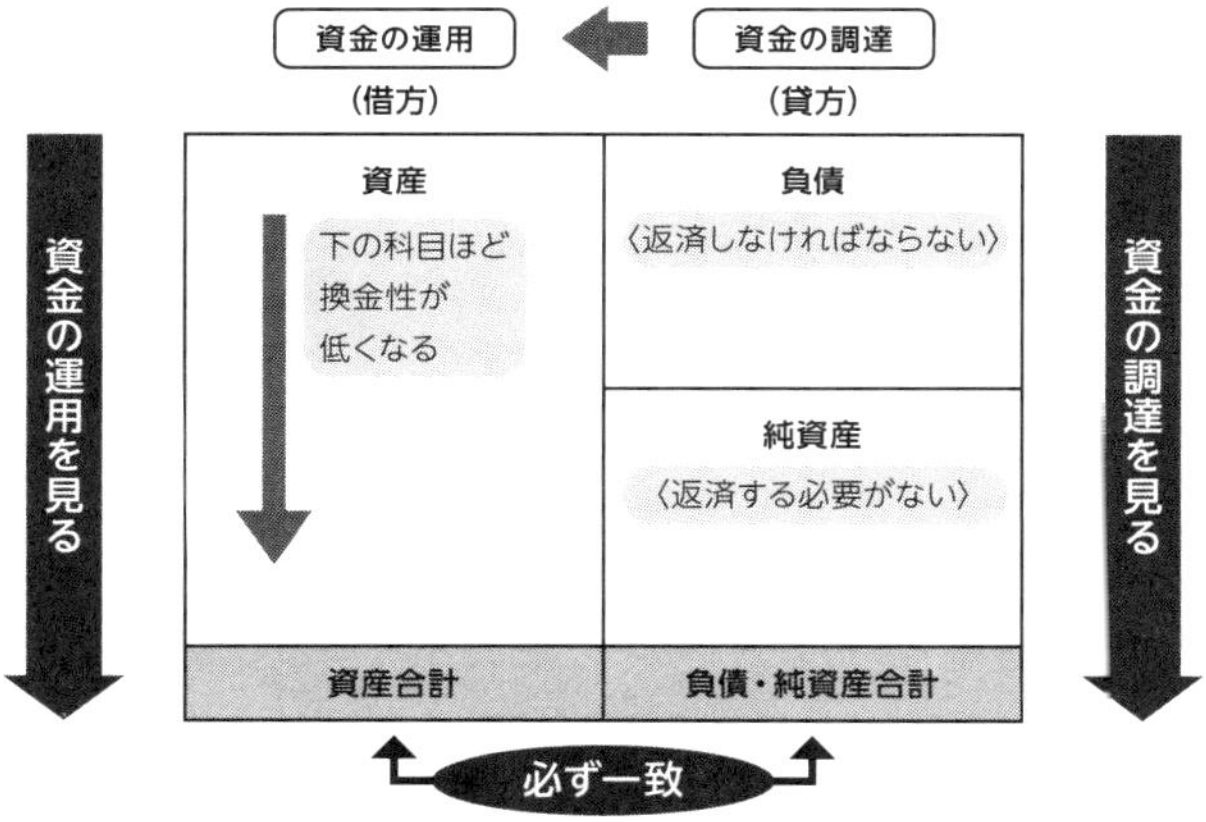

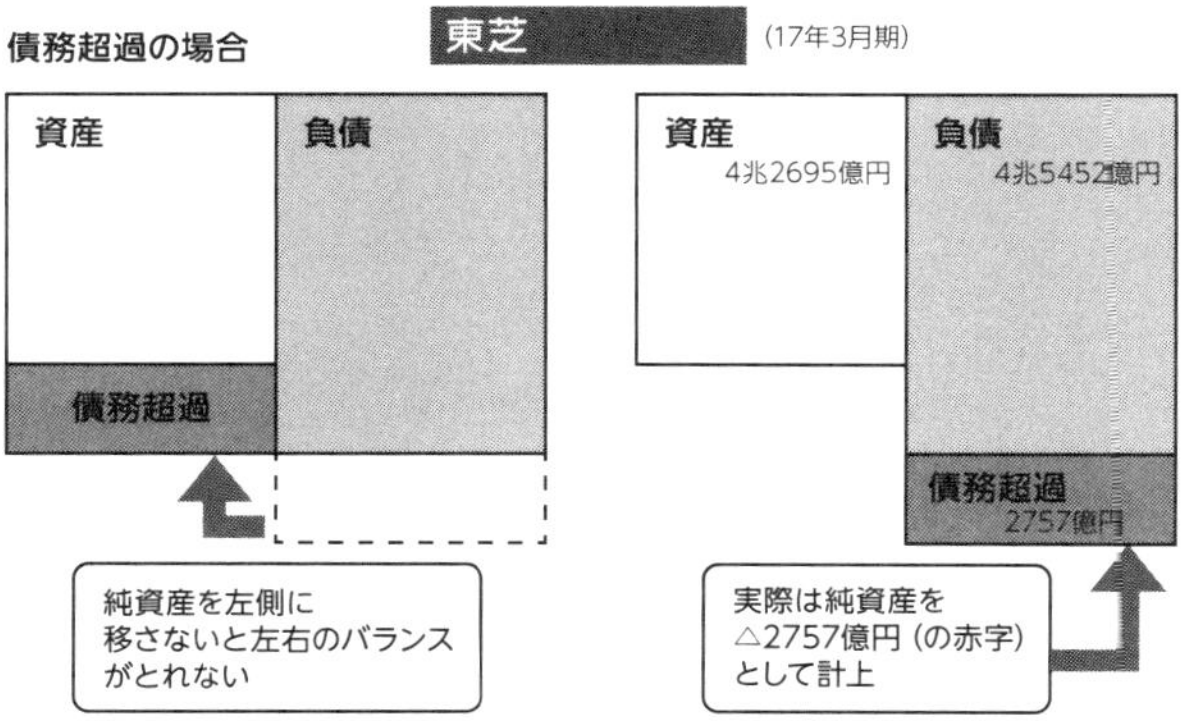

資産」という左右のバランスが崩れてしまいます。当期純利益100億円が負債に該当するわけはなく、〝純資産に振り分けることでバランスする〟と、ピーンとくるはずです。

純資産ブロックは株主からの委託である資本金などに加え、会社の稼ぎの蓄積である利益剰余金（内部留保）などが反映される場所です。そして**BSの利益剰余金とPLの当期純利益はつながっている**のです。

左表を見てください。トヨタ自動車の2000年3月期と18年3月期のBSです。資産は16・4兆円から50・3兆円に膨れ上がってきました。ほぼ3倍です。必然的に負債も純資産も増えています。トヨタ自動車が、企業活動を通して利益を積み重ねてきた結果です。その利益を活用して日野自動車やダイハツ工業などを子会社化してきたことで資産が膨らんできた、ともいえます。会社設立からの利益の蓄積である利益剰余金も、6兆円強から19・4兆円への増額です。

BS本体には当期純利益という科目は出てきませんが、純資産の増減の明細を示している「株主資本等変動計算書」「連結株主持分計算書」などに記載されます。

BSの資産の部の現金（「現金及び現金同等物」）はキャッシュフロー計算書（CF計算書）の最終科目である現金期末残高（「現金及び現金同等物期末残高」）と一致し

利益が出るとBSはどうなるの?

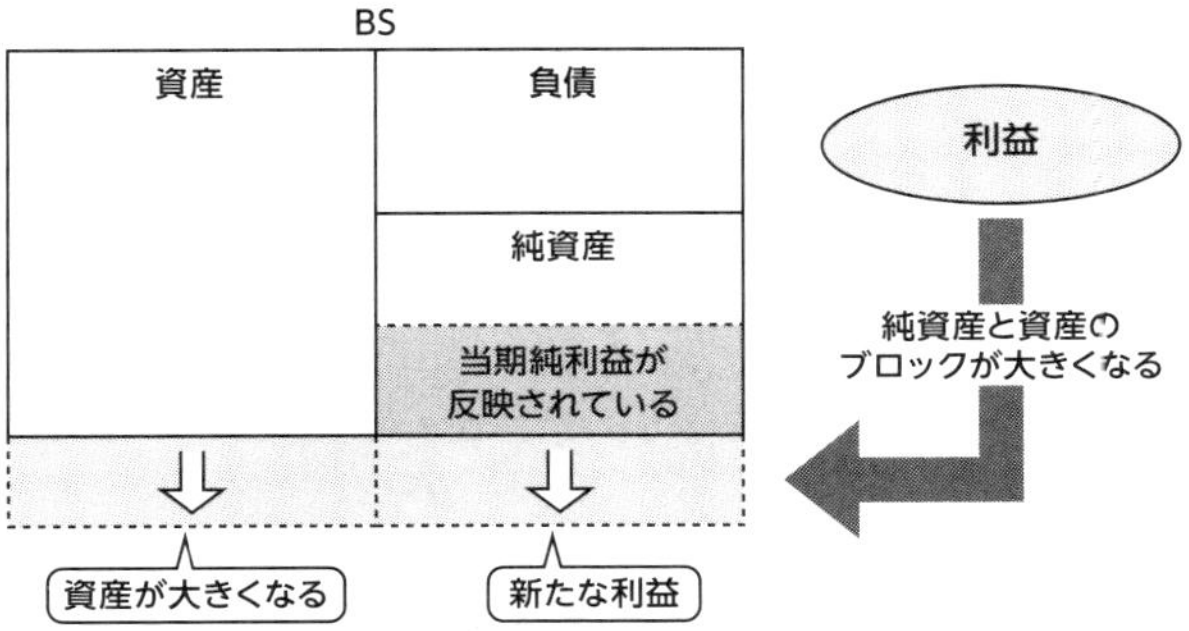

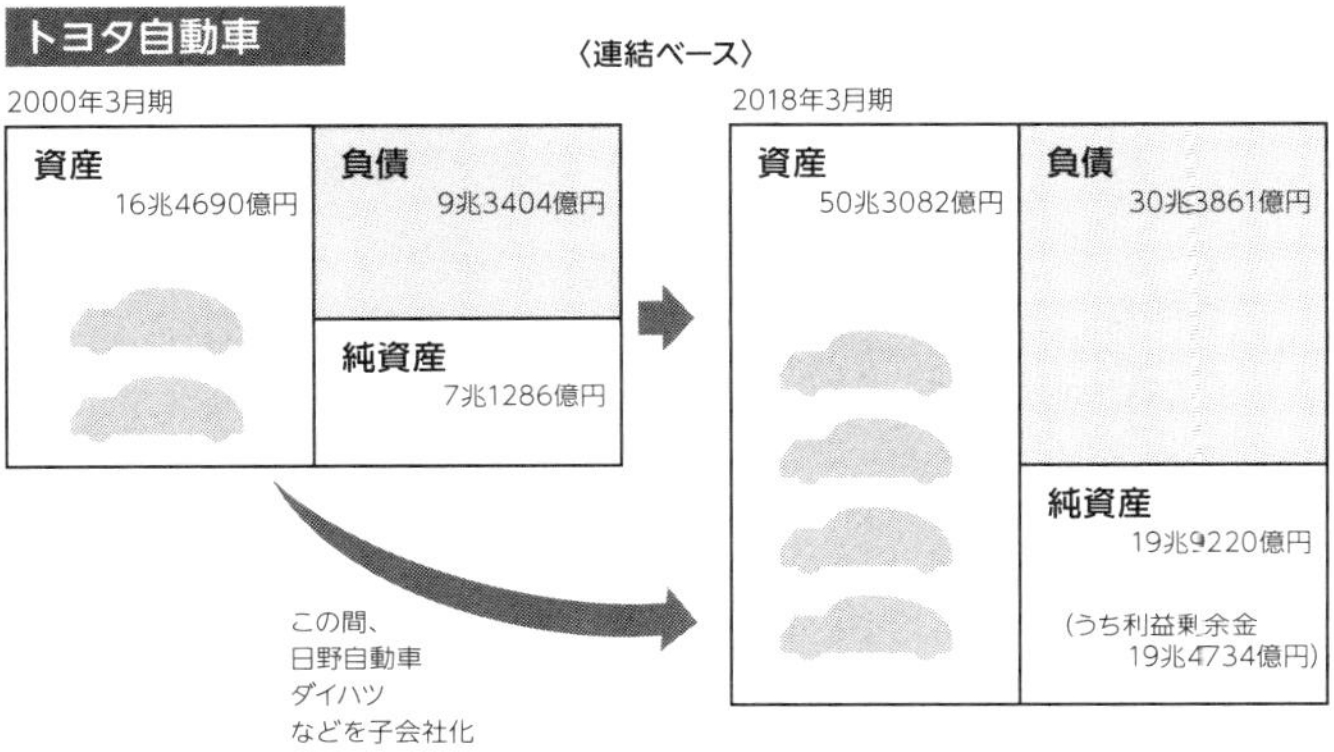

ます。ＰＬの当期純利益はＢＳの純資産の利益剰余金に反映されます。

このようにＢＳのしくみを理解すれば、利益の具合や、キャッシュの増減もたちどころに把握できるのです。〝バランスシート脳〟ともいうべきＢＳへの理解が、〝財務3表への理解力〟の根幹を成しているといっていいでしょう。

●なぜ「借金」は〝損〟にはならないのか？

給料を支払うとＢＳはどうなるのでしょうか。総額は10億円とします。

社員への給料は、会社の手持現金や預金から支払うことになります。つまり、**給料の支払いは資産の部の現金預金が10億円減少すること**を意味します。

左側の資産が10億円減少するのですから、右側の「負債＋純資産」も10億円減少させなければなりませんが、常識的に給料を負債で処理するわけにはいきません。**純資産を10億円減額することで左右が同一になります。**純資産はＰＬの当期純利益が反映します。つまり、給料の支払でＰＬの利益が10億円減っていると判断すればいいわけです。もちろん、ＣＦ計算書における現金も、10億円の減額です。

では、銀行から１００億円の融資を受けたとすればどうでしょうか。

なぜ「借金」は“損”にならないのか？

資産	負債
(現金100億円)	(借入金100億円)
	純資産

資産	負債
(現金△10億円)	
	純資産 (△10億円)

右側の負債が１００億円増えるのは明らかですが、左右をバランスさせるためには左側の資産も同額増やさなければなりません。**借金といえども１００億円のキャッシュを得たのですから、資産が１００億円増えるとすればいい**わけです。

つまり、借入金は純資産には影響しないということです。ＰＬの利益と関連する純資産に影響しないということは、借入をしただけではＰＬにおける損得とは無関係ということがわかります。

借入金がＰＬに影響してくるのは、利息の支払が始まってからです。利息の支払が発生するようになるとＰＬの利益がその分だけマイナスになり、純資産も同額減額になります。キャッシュで利息を支払ったとすれば、資産も減額になります。それで左右は一致します。

●「流動資産」と「流動負債」でわかる会社の支払能力

ＢＳについては「左右は一致する」「バランスしている」ということに加え、少しだけ決まりごとがあります。

１９７ページの図表に示しましたが、資産は上に記載される科目から下にいくほど換金性が低くなります。

資産は、現金や将来的に現金に変わるもの、もしくは現金が形を変えたもの、といっていいでしょう。たとえば、預貯金は現金を置く場所が、会社から金融機関に変わっただけのことです。

受取手形や売掛金は、将来的には現金化されます。会社が所有する工場や機械といった資産も、現金が形を変えたもの。つまり、**現金の運用形態の結果が資産**なのです。

ただし、その資産も〝現金化しやすいもの〟〝現金化しづらいもの〟に分けようということで、〝1年以内に現金化できる資産〟を「流動資産」、それ以外を「固定資産（非流動資産）」としています。

負債と純資産は、返済を必要とするものが負債で、返済の必要がないものは純資産と分けます。

負債については、資産と同じように〝1年以内に返済する負債〟を「流動負債」といい、〝1年を超えて返済する〟ものが「固定負債」です。

流動と固定に分けることで企業分析がしやすくなります。たとえば、**1年以内に現金化できる「流動資産」と、1年以内に返済しなければならない「流動負債」を比較することで、企業の支払能力を推定できます。**

流動負債が100億円で、その全額が金融機関からの借入金だとします。一方、現金や預金、受取手形など流動資産が50億円しかないとすれば、返済に行き詰る可能性が高いといえるでしょう。

「取引先のA社の流動性には疑問がある」などといったりするのも、BSの流動資産や流動負債からきており、流動資産に比べて流動負債の額が大きく返済に疑問符がつく、といった意味です。

●資金繰りを左右する「売掛金」と「ツケ買い」の支払サイト

企業にとっては、売上債権の回収も重要な課題になります。**売上債権を確実に回収することで、企業は円滑な運営を持続できる**からです。

売上債権と買入債務の回転日数

$$売上債権回転期間（日数）= \frac{365日 \times 売上債権（受取手形+売掛金）}{売上高}$$

$$買入債務回転期間（日数）= \frac{365日 \times 買入債務（支払手形+買掛金）}{売上高}$$

売上債権とは、商品や製品の販売にともなって現金の代わりに受け取る「受取手形」や、ツケ売りなどの「売掛金」を指します。会計的には換金性が高いとして流動資産に計上するだけに、確実な回収が不可欠。それができないばかりに、事業資金に不足が生じたり、場合によっては倒産に到るケースも出てきます。

確実な回収にプラスして**早期の回収・現金化が望ましい**ことは、いうまでもありません。

売上債権の回収が遅いか早いかを見るための指標に、「売上債権回転期間（日数）」というものがあります。売上債権の回収に要する日数を見るものです。

売上債権回転日数が短ければ短いほど回収が早いことを示しています。ライバルが少ないなど、販売条件がいいということです。過去に比べて回収日数が伸びている場合は、無理な販売をしている可能性もある、と疑ってみることも必要です。過去からの推移と、同業他社との比較が指標を見るうえでのポイントになります。

売上債権回転日数を見るときには、買入（仕入）債務回転日数との対比も欠かせません。いわゆる、ツケ買いのための支払日数もチェックしようということです。

商品や材料などの購入に際して発行した支払手形や仕入代金の未払い分を「買入債務」といいます。短期に返済をしなければならないことから、流動負債に計上します。この買入債務回転日数が短いということは、支払サイトが早いことを意味します。

買入債務回転日数が売上債権回転日数よりも短いとすれば、どういう事態が想定できるでしょうか。資金の回収より支払のほうが早くなれば、資金不足に陥る可能性が高くなります。いくら回収が早くても、それ以上に支払が早ければ、資金繰りが窮屈になってくることはいうまでもありません。

●BSの資産ブロックを食いつぶす「減価償却費」

比較的換金性が高い「流動資産」に対して、長年にわたって活用することで現金を生み出すものを「固定資産」といいます。**長期資金の運用具合を見ることができる指**

標です。ただし、即座に現金として入金されることがないことから、固定資産への投資は現金が寝てしまうという意味合いもあります。

「有形固定資産」と呼ばれる資産があります。土地や建物、機械装置、工具器具備品、車両、航空機、船舶などです。企業の持続的成長を目的とした設備投資にともなうものがほとんどであり、それら資産を活用して投資資金を回収するには時間がかかるため、固定資産に含まれます。有形固定資産が固定資産の大半を占める企業も少なくありません。

投資額がどの程度なら適切か、ということは一律にいえませんが、設備投資など有形固定資産への投資は多額になりがちです。投資規模や投資時期を含めて、経営判断のなかでも最重要項目のひとつです。投資家にとっては自己資金でまかなっているのか、借金によるのかなどが気になります。**企業の経営破綻が明らかになるたびに、主な原因として「過剰な設備投資」が指摘されることが多い**のも事実です。

有形固定資産は、減価償却と切り離すことができません。たとえば、資産価値が３００万円の簡易な建物を、10年で償却するとします（償却年数は、税務当局が「耐用年数」として、減価償却資産応じて定めている）。３００万円が２７０万円、

300万円の「簡易な建物」の減価償却

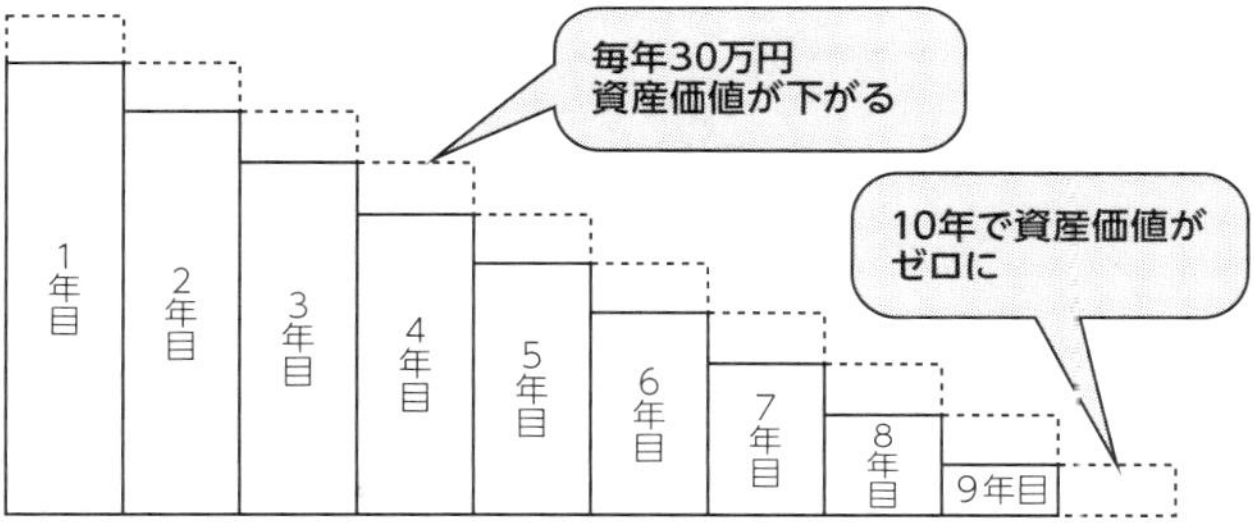

２４０万円……と、毎年30万円ずつ価値が下がり最後はゼロになります。減価償却のしくみです。

資産価値がゼロになる前に、投資額に見合う資金が回収できなければ、投資はムダということになりかねません。有形固定資産への投資には、高度な経営判断が欠かせないのは当然のことです。

減価償却を「資産」「負債」「純資産」の３つのブロックで考えてみましょう。

減価償却をすることで、資産というブロックが年間30万円の減額になるのです。左右一致の原則からは、右側の純資産を調整しなければならないことは明白でしょう。純資産を30万円減額することで左右のバランスがとれることになります。

簡易な建物を建設したときに３００万円は支払っています。したがって、減価償却をするからといって、実際には出金はありません。それでも純資産のブロックを減額させるのです。ＢＳの純資産のブロックとつながっているＰＬの当期純利益へ影響が及んでいるわけです。

減価償却（費）は、ＢＳの資産ブロックを食いつぶす役割を担います。ＰＬでは、利益を減らす費用として扱います。

減価償却の方法は、毎年決まった額だけ資産価値を減少させる「定額法」と、一定の率によって資産価値を目減りさせる「定率法」があります。

ただし、**有価固定資産のうち土地については資産価値が減らないものとして、減価償却をしない**ことになっています。手持現金1億円で土地を購入したとしたら、資産、負債、純資産というブロックはそのままで、変化がありません。資産ブロックにおいて現金が土地に代わるだけです。

●借入金に依存しすぎの「設備投資」に要注意！

企業の成長には設備投資が不可欠です。もちろん、効率性が求められます。財務の安全性との兼ね合いも不可欠です。

設備投資は多額にのぼります。それを活用して現金を回収するには時間もかかります。**借入金に過度に依存する設備投資は、経営への黄色信号**といってもいいでしょう。**設備投資の安全・危険性を判断するひとつの指標が固定比率**です。固定資産と自己資本を使用して計算します。

固定資産の多くは設備投資にともなう工場や機械、土地などの「有形固定資産」です。のれんや特許権などの「無形固定資産」、市場性がない子会社株式などが含まれる「投資その他の資産」も固定資産に含めます。

自己資本は、貸借対照表（BS）を構成する「資産」「負債」「純資産」という3つのブロックのうち純資産にほぼ相当します。より詳しくいえば、純資産ブロックの「株主資本＋その他の包括利益累計額」が自己資本です。「純資産－新株予約権－被支配株主持分」でも、自己資本を求めることができます。

固定比率（％）＝固定資産÷自己資本×１００％

固定資産と自己資本の比率を固定比率といい、１００％を基準に分析するのが基本。

100%以下なら財務的に安全な会社です。100%以下ということは、固定資産への投資は、返済を必要としてない自己資本で賄っていることを意味しているからです。**200%、300%台なら安全に疑問符がつく会社**と判断できます。

ただし、100%以下であっても注意したい点があります。土地を除いた工場や建物、車両などの有形固定資産は、減価償却を進めることになります。固定資産の多くを占める有形固定資産は、年月の経過とともに資産価値が下がるわけです。

つまり、**工場や建物、店舗などが古ければ古いほど、固定資産の金額が減少し、結果として固定比率が100%を下回ることもある**のです。現実に、海外拠点の拡大の一方で、国内工場の老朽化が目立つ例もあります。

●固定資産回転率（回）＝売上高÷固定資産

売上高と固定資産から求めるのが固定資産回転率です。**固定資産が効率的に使用されているのかを判断する指標**です。数値が高ければ高いほど、固定資産を効率よく利用していることを意味します。同じ規模の会社や同業種の標準と比べるのがポイントです。

▼エピローグ

「会社の通信簿」をさらに見たい人のためのガイド

各企業の有価証券報告書はワンストップで閲覧できる！

●金融庁の「EDINET」とは何なのか？

有価証券報告書は、金融庁がホームページで提供している「EDINET」で閲覧することができます。

EDINETの利用手順は次の通りです。

「EDINET」で検索し、ホームページに入ります。トップページの左側に「書類検索」「公告閲覧」と出てきますが、書類検索をクリックします。

続く画面の上段に、閲覧したい企業名を入力します。以前に比べて、「あいまい検索」が可能になっていますが、大文字・小文字・中黒・旧字などに注意して、正しく入力したほうが無難です。

たとえば、カタカナを平仮名で入力すると「該当するデータが存在しません」と出たりします。「鐵」などの旧字を「鉄」と入力した場合も、目的の企業が探し出せなかっ

有価証券報告書の閲覧手順(EDINET)

たりします。

有価証券報告書だけを閲覧したい場合は「有価証券報告書・半期報告書・四半期報告書」にチェックを入れます。

閲覧対象企業の株式について、**保有割合の増減情報を得たい場合は「大量保有報告書」にチェック**を入れます。

一度も有価証券報告書の提出がない新規上場企業などの情報を得たい場合は、「その他の書類種別」にチェックを入れます。

検索結果が示されたら、求める年度の有価証券報告書などを閲覧することができるようになります。閲覧・印刷目的ならPDFファイルを選択すればいいでしょう。

左側の提出書類「有価証券報告書―第△△期」をクリックすると、「代替書類・添付文書」や「監査報告書」の選択をすることができます。

代替書類・添付文書をクリックすると「株主総会招集通知」などを閲覧することができます。株主に送付される「株主送信」などと同じものです。「監査報告書」では監査法人の監査意見などを読むことができます。

●米国企業はSECの「10—K」で

海外企業の場合は、社名に「IR（Investor Relations）」をプラスしてインターネットで検索すれば、比較的短時間で年次報告書（Annual Report）がヒットします。欧州系の企業は凝ったホームページが多く「ＩＲ」を付けないで検索すると、決算関係のページになかなかたどり着かなかったりするものです。

金融庁のＥＤＩＮＥＴの先輩ともいうべきものが、ＳＥＣ（米国証券取引委員会）のホームページです。

「SEC→FILING→for Company Filing Search」の順に進み、社名を入力します。**米国企業の場合は「10—K」ファイルが年次報告書に該当**します。日本のトヨタ自動車や三菱ＵＦＪフィナンシャル・グループ、中国のアリババ・グループ・ホールディングス（ＨＤ）など、**米国において証券を発行している外国企業の場合は「20—F」**です。

財務３表のＣＦ決算書、損益計算書（ＰＬ）、貸借対照表（ＢＳ）における項目の並びは、日本語のものとほぼ共通しています。手元現金や利益、資産などパッと見ただけでも数値を把握できるはずです。

ＣＥＯなど経営トップが「株主への手紙」などを通して、自社の優位性や経営方針を示していたりします。

財務３表に対する理解力と英語力を同時に鍛える――**トヨタ自動車やキヤノンなど日本語の有価証券報告書と英文の20－Fを見比べてみるのもいい**でしょう。

大企業の〝成績〟がさらにクリアになる連結決算の決まり事

●連結決算書を作成するためのルールをおさえておこう！

総合商社の三菱商事は、子会社８４８社、関連会社４４５社とグループを結成しています。そのほかに、いすゞ自動車やイオン、日清食品ＨＤ、良品計画、山崎製パン、それに三菱グループのキリンＨＤや三菱地所、三菱重工業、三菱ＵＦＪフィナンシャル・グループ、三菱倉庫などの株式を所有しています。

総合商社の受取配当金

	連結PL計上の受取配当金	単体PL計上の受取配当金
三菱商事	1315億円	4707億円
三井物産	847億円	4010億円
伊藤忠商事	342億円	2051億円
住友商事	106億円	2307億円
丸紅	212億円	1399億円
豊田通商	207億円	964億円
双日	46億円	464億円

(2018年3月期)

子会社265社（うち海外201社）、関連会社207社（同165社）とグループを組む三井物産も、セブン&アイHDやリクルートHD、ヤマハ発動機、東レ、東京放送HD（TBSHD）、トヨタ自動車などの株式を保有しています。

伊藤忠商事や住友商事、丸紅などもグループ会社や出資企業を数多く抱えています。

当然のことながら親会社は子会社や関連会社、株式所有会社から配当金を受け取ります。三菱商事や三井物産など総合商社7社が連結PLと単体PLに計上している「受取配当金」は上記の通りです。

連結PLに計上している受取配当金と単

「子会社」と「関連会社」の判定

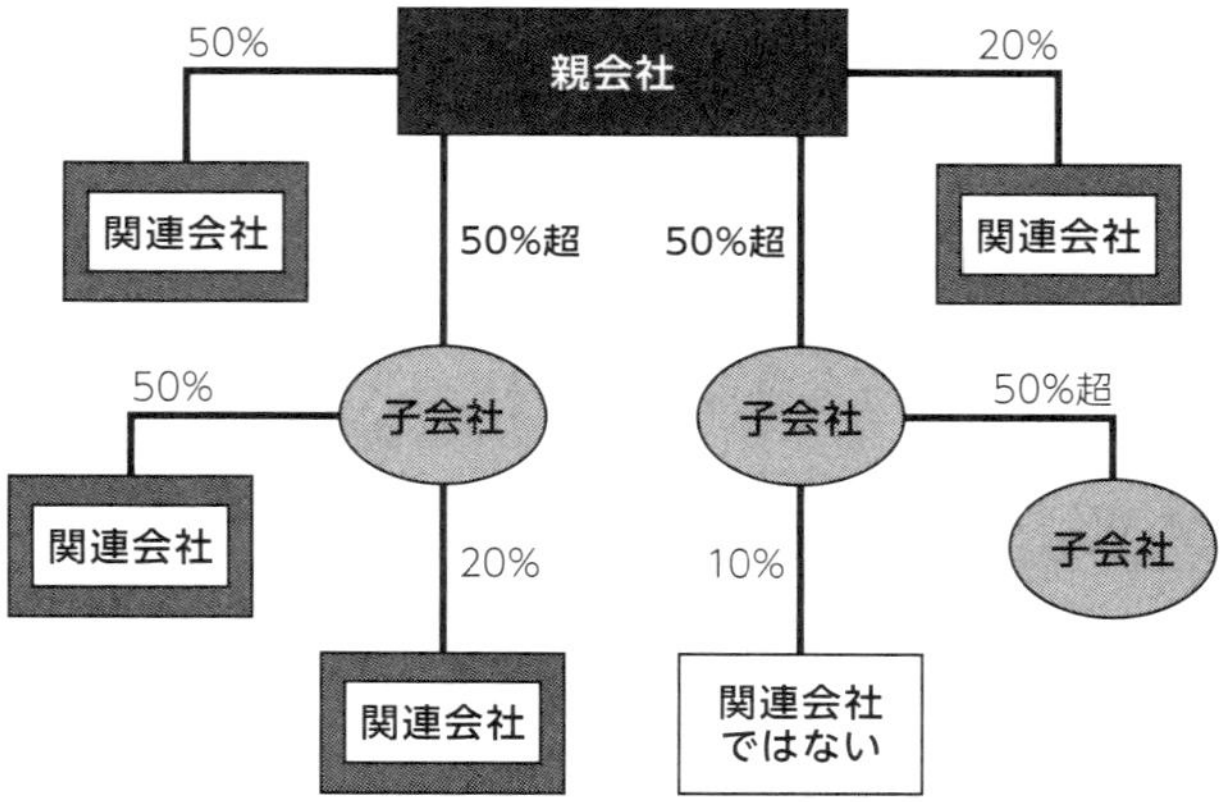

体PLに計上している受取配当金が異なっていても、もちろん誤りではありません。親会社を中心とする企業グループの経営成績を示す連結決算書の作成にはルールがあり、それに従っているからです。

連結決算の基本的なルールをおさえておきましょう。

●「子会社」「関連会社」とは?

連結決算は子会社、それに関連会社（持分法適用会社）を含めて作成します。では、子会社と関連会社の区別はどうするのでしょうか。

基本的には株式所有割合で判断

します。**「発行株式の50％超」であれば、親子関係が発生**します。A社がB社の株式の50％超を所有していれば、B社はA社の子会社ということになります。50・1％と49・9％では所有株数については大差がありませんが、50・1％なら子会社、49・9％なら関連会社とまったく異なる立場になります。

ただし、「発行株式の50％超」というのはあくまで原則です。所有は50％超を下回っていても株主総会の議決権ベースで50％超だったり、取締役を派遣するなど取締役会を実質的（支配力基準）に支配していれば50％を下回る所有でも親子関係は発生します。たとえば、ソフトバンクグループはヤフーを子会社にしていますが、議決権割合でいえば43％です。もちろん、ソフトバンクグループの孫正義社長兼会長がヤフーの取締役の座にあるように、支配力や影響力から判断すれば親子関係は明らかでしょう。意思決定機関は株主総会だけではありません。取締役会も該当します。したがって、**取締役会における影響力や支配力も親子関係の判断基準**になります。

俗にいう孫会社はどうでしょうか。親会社からすれば子会社の子会社も、子会社とみなします。連結では〝孫会社〟という呼び方はないということです。

オフィス用品通販のアスクルやジャパンネット銀行などはヤフーの子会社ですが、

ソフトバンクグループの子会社に該当します。

なお、更生会社や整理会社、破産会社などは子会社とせず、連結決算の対象にはなりません。

所有株式（議決権）が20％以上50％以下の場合は、関連会社とするのが基本です。出資割合が50％対50％の合弁会社も、出資企業それぞれの関連会社になります。

●連結決算の重要キーワード――「合算」して「相殺消去」

連結決算書を複雑に考えることはありません。基本的には、グループ子会社各社の売上高なら売上高、売上原価なら売上原価を合算するところから始めます。その後、一定のルールに従って処理し、最終的な連結決算書を作成します。総合商社の受取配当金の金額が、連結PLと単体PLでちがっているのはそのためです。

一定のルールとは「相殺消去」です。親子間の取引は〝ないもの〟とするのです。

たとえば、子会社Bは親会社Aから製品を仕入れて販売しているとします。親会社Aからすれば子会社Bへの販売です。連結決算書では、こうしたグループ内の売上や仕入といった内部取引は、相殺消去します。

親会社Aの売上高のうち1000が子会社Bへのものです。逆にいえば、子会社Bの仕入高のうち1000が親会社Aからのものとしましょう。AB間の取引自体はプラスマイナス「0」です。これがグループの本当の姿です。

子どもに小遣いを与えたとしても、一家の収入全体が増えるわけではありません。それと同じことです。

①親会社と子会社のそれぞれの決算書を合算する

②親会社と子会社間の取引は相殺消去する

この2点を基本に、連結決算書がつくられることを頭に入れておきましょう。「合算→相殺消去」が連結決算書の重要なキーワードなのです。

相殺消去するのは「投資・資本」「債権・債務」「売上・仕入」「受取配当金・支払配当金」「未実現損益」です。

注意して見れば、連結決算における資本金は、親会社の資本金と同額であることに気がつくはずです。子会社何百社を擁する企業グループであっても、BSに計上する資本金は、親会社ただ1社の資本金なのです。

親会社の子会社に対する出資（投資）は、すなわち子会社の資本金であり、親会社の投資は子会社の資本金と相殺消去するからです。

総合商社の受取配当金が連結と単体で異なっていたのは、親会社が子会社から受け取る配当金と、子会社が親会社に支払った配当金は、内部取引であることから相殺消去しているからです。

「未実現損益」はあまり聞きなれない言葉ですが、文字通り、まだ実現していない利益です。

たとえば、親会社Aは「600」で製造した全製品に「400」の利益を上乗せして子会社Bに「1000」で販売、子会社はまだその製品をひとつもグループ外に販売していないとしましょう。

親会社は子会社に販売したことにより、「400」の利益は出ることになります。しかし実際には、グループとしては外部への販売がゼロで子会社の在庫になっているだけなのですから利益は出ていないことになります。これが未実現利益です。

グループとしては、子会社がグループ外部に販売したときにはじめて、利益が実現します。それまでは、親会社の利益は子会社の在庫になっているというもので、連結決算では、この未実現利益も相殺消去をすることになります。

［著者略歴］

池田陽介（いけだ・ようすけ）
税理士。1962年、埼玉県生まれ。1988年税理士登録。税理士法人池田総合会計事務所代表社員。相続税や法人税の申告業務を中心に、病院・医療の開業・経営支援なども実施。経営ニンサルティング会社であるフォローアップ株式会社の代表取締役を務めるほか、弁護士、弁理士、司法書士、不動産鑑定士、一級建築士、社会保険労務士などと士業ネットワークを結び、多方面での活動を展開。主な著書に『図解　決算書、ここだけ見ればいい』（三笠書房）、『身近な人が亡くなったときの手続きと届出ぜんぶ』（KADOKAWA）、『知識ゼロからの相続の手続き』（幻冬舎）などがある。

企画協力　中野健彦（ブックリンケージ）

数字で読みとく会社の未来

2019年4月1日　　第1刷発行

著　者　池田陽介
発行者　唐津　隆
発行所　株式会社ビジネス社
〒162-0805　東京都新宿区矢来町114番地 神楽坂高橋ビル5階
電話　03(5227)1602　FAX　03(5227)1603
URL　http://www.business-sha.co.jp

〈カバーデザイン〉尾形忍（スパローデザイン）
〈本文組版〉プリ・テック株式会社
〈印刷・製本〉半七写真印刷工業株式会社
〈編集担当〉大森勇輝　〈営業担当〉山口健志

ISBN978-4-8284-2090-5